現代社会と経済倫理

Modern Society and Economic Ethics

永合位行・鈴木純 著

有斐閣

はしがき

「不正製品50社に出荷　社長謝罪，辞任は否定」，「過労死遺族，厚労相と面会，裁量制の対象拡大に反対」，「パワハラの新判断基準提示，厚労省検討会」，「高度医療担う特定機能病院，労基法違反7割超」，これらはこの「はしがき」を執筆しているある日の新聞記事の見出しです。それらの記事は，いずれも経済倫理と深く関わる問題を取り上げたものです。経済倫理に関わる問題は，毎日のように新聞やテレビのニュースで取り上げられていますので，それらの報道を通して経済倫理に関心を持っているという方は，少なからずおられるのではないでしょうか。

しかし，そうした方がいざ経済倫理について学んでみようと思っても，残念なことに経済倫理の入門書や教科書はまだそれほど多く存在していません。また，経済倫理や企業倫理もそうですが，一般に倫理に関わる入門書や教科書の多くは，「功利主義」や「義務論」，「徳論」のような倫理学の基礎理論の説明から始まります。こうした基礎理論についてきちんと押さえておくことは，経済倫理を学ぶうえでもちろん必要なことですが，このスタイルですと，倫理学そのものに関心を持っている方は別ですが，そうでない方にとってはなかなか手を出しにくいということになってしまいます。

そこで，本書では，できる限り多くの読者のみなさんに本書を手に取っていただけるように，3つの工夫をしました。

第1に，倫理学の基礎理論の説明から入るというスタイルをやめました。その代わりに，先の新聞記事の見出しにあるような，経済倫理に関わる現実のさまざまな問題を取り上げ，それらの問題を考察する中で，倫理学や経済学の基礎理論について説明するというスタイルをとりました。

第2に，倫理学も経済学も学んだことのない方でも読み進めることができるように，専門用語だけでなく，基本的な用語についてもできる限り説明を加えるようにしました。

第3に，各章のタイトルをすべて問いかけの形にしました。そうすることで，各章で取り上げるテーマがより明確になり，みなさん自身の関心にあわせてお読みいただけると考えたからです。

読者のみなさんは，最初から順番に本書を読み進めていただいても結構ですし，ご自身の関心に合った章から読み進めていただいても結構です。本書が経済倫理を学ぶための「はじめの一歩」となり，少しでも経済倫理に対するみなさんの関心を高め，経済倫理についてさらに学んでみたいと思っていただけるきっかけとなれば，これ以上の喜びはありません。

*　　*　　*

本書は，JSPS 科研費 JP17H02505，JP15K03430，JP15K03865 の助成を受けた研究成果の一つとして出版されるものです。専門の研究者ではなく，一般の読者を対象とした，社会に対する情報発信として，本書がお役に立てれば幸いです。

最後になりましたが，有斐閣におられた尾崎大輔氏には，本書が出版できるようにと大変なご尽力をいただきました。また，有斐閣の渡部一樹氏には，本書の企画から出版にいたるまで多大なお世話をいただきました。原稿を執筆する中で渡部氏からいただいたさまざまなご提案やアドバイスがなければ，本書を内容のより充実した，しかも読みやすいものに仕上げることはできなかったと思います。

この場を借りて，お二人のご支援に対し，心より感謝申し上げます。もちろん，本書の不備はすべて著者にあることはいうまでもありません。

2018 年 3 月

著者を代表して

永合 位行

著 者 紹 介

永合 位行（なごう たかゆき）

神戸大学大学院経済学研究科教授

博士（経済学）

主な著作：

『ヘルダー・ドルナイヒの経済システム理論』勁草書房，2001 年

「福祉社会の経済倫理的基盤」，足立正樹編著『現代の経済社会と福祉社会の展望』高菅出版，2013 年

『福祉国家体制の危機と経済倫理学の再興――ドイツ語圏における展開』勁草書房，2016 年

『セオリー＆プラクティス 経済政策』（共編），有斐閣，2017 年

鈴木 純（すずき じゅん）

神戸大学大学院経済学研究科教授

博士（経済学）

主な著作：

「成長と安定の経済政策」，山口三十四ほか編『経済政策基礎論』有斐閣，2006 年

「福祉国家体制とその政策体系」，足立正樹編著『現代の経済社会と福祉社会の展望』高菅出版，2013 年

『経済システムの多元性と組織』勁草書房，2014 年

目　次

第Ⅱ部　新たな経済社会の枠組みを求めて

序章

経済倫理を通して何を学ぶのか？

● はじめに

本書では，経済倫理という視点に立って，現代の経済社会に関わるさまざまな問題について論じていくことになります。しかし，読者のみなさんの中には，「倫理」といわれると，アリストテレスやカントなどの古い哲学者の堅苦しい話，あるいは「きれいごと」,「建て前」,「上から目線の説教」といったイメージを持っている人も少なくないのではないでしょうか。この序章では，倫理を学ぶことに少し腰が引けてしまうという人にも，経済倫理への関心を持ってもらえるよう，経済倫理とは何かを説明したうえで，経済倫理を通してみなさんが何を学ぶことができるのかを見ていくことにしましょう。

1 経済倫理とは何か？

1.1 倫理の定義

先ほど述べたように，倫理というと,「古い」とか「堅苦しい」とか「建て前」とかいったイメージを持つ人が多いかもしれません。しかし，そうだからといって，倫理なんて必要ないし，無視したって構わないと本気で考えているような人は，どれくらいいるでしょうか。人を傷つけることはよくないことだし，また，「人を傷つけてはならない」といった倫理が社会にとって必要なことだということは，誰も否定しないのではないでしょうか。もちろん，本音では倫理なんていらないと思っていても，そんなことをしたら非難されたり，罰せられたりするから表面的には倫理を守って行動しているという人もいるかもしれません。しかし，大多数の人は，明確に意識しているわけではないとしても，倫理は大事なものだと考え，それを守って日々の生活を送っていると思われます。

それでは，その倫理とは何でしょうか。倫理という言葉は，「倫」という漢字と「理」という漢字からできています。倫というのは「人の輪」を，理というのは「正しいすじみち」を表しています。したがって，倫理というのは，「人びとのあいだで行われるべき，正しい道」（柘植，2014，6ページ）を意味するということができます。言い換えれば，倫理とは，人間が社会生活を送っていくにあたって，社会の一員として守るべき規範や価値，あるいは一般に「ルール」のことと定義することができます。

この定義から，倫理という概念に関して，2つのことを押さえておくことにしましょう。まず，倫理という概念は，とても広い概念です。つまり，倫理という概念には，人びとが守るべきルールがすべて含まれることになります。しかし，みなさんは「ルール」と聞くと，法律を思い浮かべることが多いのではないでしょうか。法律は，まさに人びとが守るべきルールですが，それでは法律と倫理とはどこが違うのでしょうか。法律には，それが国家による強制をともない，法律を守らなかった場合には厳しく罰せられるという特徴があります。その意味で，法律は，非常に厳しいルールということができます。しかし，法律のように国家によって厳しく罰せられるということはなくても，人びとが社会生活を送るにあたって，法律以外にも人びとが守るべき（「守った方が望ましい」という表現の方がわかりやすいかもしれません）多様なルールが存在します。

たとえば，「お年寄りや体の不自由な人に席を譲る」というルールを考えてみましょう。このルールを守らなかったとしても，法律によって罰せられるということはありません。しかし，お年寄りに席を譲らなかった人は，周りの人から直接非難されることはなくても，冷たい目で見られたり，本人も席を譲らなかったことを後悔したりといった形で責められることになります。逆に，席を譲った人は，何か直接の利益を得るわけではありませんが，お年寄りに感謝されたり，周りの人から称賛の目を向けられたりすることで報われることになります。このように倫理には，法律のような厳しいルールだけでなく，礼儀や作法，道徳や慣例といった，より緩やかなルールも含まれることになります。

次に，倫理は，「人びとのあいだで行われるべき，正しい道」という定義からわかるように，「正・不正」や「善・悪」に関わる概念ということができます。つまり，人びとが社会生活を送るにあたって，どのような行動をとることが正しいのか，あるいは正しくないのか，また，どのような行動をとることが善いのか，あるいは悪いのかの基準を示すのが倫理ということになります。そのため，倫理は，「～しなさい・～してはならない」とか「～すべきである・～すべきではない」といった命令や禁止の表現で，人びとの行動を規制しようとします。

こうした「正」や「善」を掲げた命令や禁止は，とりわけ若い人にとってはお説教のように聞こえ，堅苦しさを覚えてしまうというのは仕方のないことなのかもしれません。しかし，先ほど述べたように，倫理が人びとの間で守るべきルールだとすれば，そのようなルール，つまりは倫理がなければ，社会は成り立ちません。「人を傷つけても構わない」とか「人の物を盗んでも構わない」という社会を想定してみてください。そのような社会がもはや成り立たないことは，明らかなことではないでしょうか。

もちろん，現実に存在する既存のルールがつねに正しいというわけではありません。女性の人権を認めないようなルールを持った社会が存在したことは事実ですし，現在でもそうした社会は存在しています。そのため，既存のルールが本当に正しいルールなのかを問うことは，倫理を問題にする以上，つねに意識していかなければならない課題です。しかし，倫理が社会の維持にとって必要不可欠なものであること，このこともまた，しっかりと理解しておく必要があります。

1.2 経済倫理の定義

倫理に続いて，経済とは何かについて見ていくことにしましょう。人間は，日々の生活を送っていくために，さまざまな財・サービスを必要としています。少し耳慣れない言葉に思われるかもしれませんが，経済学では食料品や衣料，電化製品などの形のあるものを財，教育サービスや介護サービスなどのような，形はなくても有益なものをサービスと呼んでいます。こうした財・サービスがなければ，人間は，生きていくこともできません。そのため，人間は，みずからの必要とする財・サービスをなんらかのやり方で調達してくる必要があります。経済とは，こうした財・サービスの調達に関わる活動領域のことを意味しています。

財・サービスの調達にあたっては，まずはその財・サービスが生産されなければなりません。しかし，人間は，自分の必要とする財・サービスをすべて一人で生産することなどできません。そのため，人間は，財・サービスの生産にあたって，他の人びとと協働したり，分業したりすることが必要になります。財・サービスがこうした人と人との社会的な関わりの中で生産されるものだとすれば，生産された財・サービスは，次の段階として，なんらかのやり方で社会の成員の間に分配される必要があります。それは，物々交換や贈与という形をとることもあれば，市場での貨幣（お金）を媒介とした交換や取引という形をとることもあります。いずれにしても，この財・サービスの分配もまた，社会的な関わりの中で行われることになります。そして，各人は，こうした社会的な関わりの中で獲得した財・サービスを最終的に消費することで，ようやくみずからの必要を満たしていくことができます。

このように，経済は，より具体的には生産・分配・消費という活動から成り立っています。しかも，それらの活動は，つねに社会的な関わりの中で行われます。経済においても倫理，すなわち「社会の一員として守るべきルール」が求められてくるのも，経済が社会的な関わりの中でなされる活動領域であるからにほかなりません。

これで倫理と経済がどのようなものなのかがわかったと思いますので，それらを合わせて経済倫理を定義すれば，次のようになります。つまり，**経済倫理**とは，人間が社会的な関わりの中で行う経済活動にあたって，社会の一員として守るべきルールのこと，より具体的には生産・分配・消費という経済活動にあたって，社会の一員として守るべきルールのことと定義することができます。みなさんも，生産であれ，消費であれ，日々，なんらかの経済活動を行っているはずです。そして，その活動を行うにあたっては，経済倫理を守ることが求められてきます。そうである以上，経済倫理について学ぶことは，まさに社会の一員であるみなさんにとって必要不可欠なことということができます。

2 現代社会の枠組みと経済倫理

2.1 現代の経済社会の枠組み

本書では，経済倫理という視点に立って，現代の経済社会を眺めていくことになりますが，それでは，現代の経済社会とはどのようなものなのでしょうか。ここではその基本枠組みについて確認しておくことにしましょう。

前節で述べたように，経済活動は社会的な関わりの中で行われますが，社会には限られた資源しかありませんから（これを経済学では資源の希少性といいます），その限られた資源をできる限り有効に用いて，社会の人びとの必要を満たしていくことが求められます。そのため，社会は，希少な資源を用いて，どのような財・サービスをどれだけ生産するのか，また，生産された財・サービスを誰にどれだけ分配するのかをなんらかのやり方で決定する必要があります。こうした社会全体としての財・サービスの生産や分配の仕組みを**経済体制**といいます。

第2次世界大戦後，世界は，東西2つの陣営に分かれて激しく対立する東西冷戦の時代に入りました。経済体制という点でいえば，アメリカ，西欧，日本などのいわゆる「西側」の国々は，市場経済を基本とする経済体制を，一方，旧ソ連・東欧や中国などの「東側」の国々は，計画経済を基本とする経済体制をそれぞれ構築しました。**市場経済**というのは，市場における自由な経済活動にもとづいて生産や分配が行われる経済の枠組みを意味し，**計画経済**というのは，政府の計画にもとづいて生産や分配が行われる経済の枠組みを意味します。しかし，東欧革命といわれる1989年の旧ソ連・東欧諸国における体制転換により，これらの国々の多くも，市場経済を基本とする経済体制へと移行しています。

このように現代の経済社会は，市場経済を原則としています。**市場**というのは，売り手と買い手が貨幣を交換手段として，さまざまな財・サービスを取引する場を意味します。通常の財・サービスが取引される市場の場合は，売り手が企業，買い手が消費者となり，労働市場の場合は，売り手が労働者，買い手が企業ということになります。しかし，この市場経済は，けっして完全なものではありません。経済学において「市場の失敗」と呼ばれるように，市場経済にはさまざまな問題が存在します。市場経済において問題が生じた場合，政府が経済政策や社会政策を通じてその問題の解決をはかる必要があります。そのため，市場経済を基本としながらも，政府がそれを補完する混合的な経済体制が必要となってきます。第2次世界大戦後，日本を含め，「西側」の国々は，市場経済にすべてを委ねるのではなく，政府が市場経済のさまざまな問題を解決し，政府の責任においてすべての国民に安定した生活を保障する**福祉国家**と呼ばれる体制を構築してきました。この福祉国家体制は，まさに市場と政府からなる混合経済体制ということができます。

しかし，福祉国家体制は，1970年代以降，大きく揺らいでいくことになります。経済の低成長化によって国の財政が急速に悪化するとともに，少子高齢化の進展や労働市場の変化など福祉国家体制を取り巻く環境が大きく変化してきたことによって，この体制をこれまで通りの形で維持することは困難な状況になってきています。とりわけ，政府が市場経済で生じる問題の何もかもを引き受けることは，もはや不可能な状況にあります。

こうした状況を受け，現在，その重要性を増してきているのが，NPOやボランティア組織，各種コミュニティといった多様な非営利の組織です。これらの組織は，従来，政府が引き受けてきた役割を担うとともに，営利企業では満たすことのできないさまざまなニーズに対応するようになってきています。こうした非営利組織の役割の拡大を受けて，これらの組織を一つのセクターと捉え，市場と政府と並ぶ第三の領域（「サード・セクター」）を形成するものと見なす考え方も広がってきています。

このように，現代の経済社会の枠組みは，市場経済を基本としながらも，政府と非営利組織がこれを補完する枠組みへと変化してきています。そのため，経済倫理の視点から現代の経済社会を眺めていく場合にも，市場だけを対象とするのではなく，政府や非営利組織にも視野を広げ，より広い視点に立って，現代の経済社会の抱えている問題について考えていく必要があります。

2.2　経済倫理を通して学べること

それでは，このような枠組みを持つ現代の経済社会を経済倫理という視点から眺めることによって，みなさんは，何を学ぶことができるのでしょうか。

すでに述べたように，現代の経済社会は，市場経済を基本としています。市場では，企業であれ，消費者（労働者）であれ，個々の経済主体には自由な経済活動が基本的に保障されています。しかし，自由だからといって何をやっても許されるというわけではありません。市場にはそこで行動する主体が守らなければならないルールが存在します。それらのルールには，民法，商法，独占禁止法，労働基準法などのような法律の形をとったものもあれば，業界の自主規制や慣習のようなものもあります。また，経済が社会の中で行われる活動領域である以上，各主体には社会の価値観や道徳に反した行動をとらないことが求められます。

このように，市場で行動する主体は，企業であれ，消費者（労働者）であれ，こうしたルール，つまりは経済倫理を守って行動することが求められ，守らなかった場合には，罰せられたり非難されたりすることになります。したがって，経済倫理を通して，みなさんはまず，企業の経営者や労働者として，あるいは消費者として，日々の経済活動においてどのような行動をとるべきなのかということについて理解を深めていかなければなりません。そして，その理解を通じて，企業のあり方について，また，労働や消費の持つ意味やそのあり方について考えていくことができるようになります。

次に，市場で行動する主体には，市場のルールを守ることが求められますが，現実に存在する市場のルールそれ自体がつねに正しいというわけではありません。また，市場経済そのものにもさまざまな問題が存在しています。こうした市場の抱えているさまざまな問題は，まさに経済倫理を通して明らかになってきます。なぜなら，経済倫理は，経済における「正・不正」，「善・悪」を判断する基準であり，この基準に則して市場の何が問題であるかが示されることになるからです。たとえば，「労働者の人間の尊厳が守られるべきである」とか「自然環境を保護すべきである」という経済倫理的基準に則して，現実の市場経済の下で出現する劣悪な労働環境や自然破壊が社会的問題として捉えられることになります。したがって，経済倫理について学ぶことは，市場経済の枠組みそれ自体について考え，市場のあり方を問うことにつながっていきます。

それだけではありません。すでに述べたように，市場経済の問題に対しては，政府による政策的対応が求められますが，現代の経済社会では政府がすべての問題を引き受けることはできず，非営利組織もまた重要な役割を果たすようになってきています。したがって，市場経済の問題を明らかにするだけでなく，それらの問題に対して，政府や非営利組織がどのような役割を果たすべきなのかについても考えていかなければなりません。みなさんは，こうした政府や非営利組織のあり方についての問いにも，経済倫理の考察を通じて答えていくことができるようになります。

経済倫理について学ぶことは，市場における個人や企業が守るべき倫理を学ぶことだけではありません。それは，市場，政府，非営利組織それぞれのあり方について考え，ひいては経済社会全体の枠組みである経済体制のあり方について理解を深めることにもつながっていきます。こうした大きな視点を身につけることによって，みなさんは，よりよい経済社会とは何か，そして，その中で自分はどのような生き方をするべきなのかを学んでいくことができるようになります。

3 本書の概要

本書では，以上で述べてきたことをみなさんに学んでいただけるように，章の構成がなされています。章立ては，第Ⅰ部と第Ⅱ部に分かれています。第1章から第6章までの第Ⅰ部では，個別経済主体としての個人や組織に関わる経済倫理の問題が取り上げられます。第7章から第11章までの第Ⅱ部では，市場のあり方や経済体制のあり方に話を移し，市場経済の問題や福祉国家体制の限界などについて見ていきます。本書全体の構成を図序-1に整理しましたので，参考にしていただければと思います。以下，各章の概要を簡単に述べておくことにしましょう。

第1章と第2章では，企業倫理に関わる問題を取り上げます。まず第1章「企業の利益追求は経済倫理と矛盾するのか？」では，毎年のように繰り返される企業不祥事の問題を取り上げ，利益追

図 序-1　本書の構成

序　章　経済倫理を通して何を学ぶのか？

第Ⅰ部：経済主体に求められる倫理的行動

第１章　企業の利益追求は経済倫理と矛盾するのか？

第２章　企業にはいま何が求められているのか？

→ 企業のあり方を学ぶ

第３章　非営利組織はどのような役割を期待されているのか？

→ 非営利組織のあり方を学ぶ

第４章　企業にとって労働者はどのような存在なのか？

第５章　労働者にとって労働はどれほど大切なものなのか？

→ 労働のあり方を学ぶ

第６章　いま求められる消費のあり方とはどのようなものか？

→ 消費のあり方を学ぶ

第Ⅱ部：新たな経済社会の枠組みを求めて

第７章　市場はどのように評価されるのか？

第８章　分配はどのようにあるべきなのか？

→ 市場の機能と分配のあり方を学ぶ

第９章　福祉国家はなぜ必要とされたのか？

第10章　福祉国家は何を行うのか？

第11章　福祉国家はなぜ維持不可能なのか？

→ 政府や経済体制のあり方を学ぶ

終　章　経済倫理を学ぶことはなぜ大切なのか？

求という企業の論理と経済倫理との関係について考えていきます。第2章「企業にはいま何が求められているのか？」では，企業不祥事の続発を受け，企業に求められるようになってきた「企業の社会的責任」の考察を通じて，企業のあり方を考えていきます。

第3章「非営利組織はどのような役割を期待されているのか？」では，現代の経済社会でその重要性を増してきている非営利組織を取り上げ，非営利組織に期待される役割とその課題の考察を通じて，非営利組織のあり方について考えていきます。

第4章と第5章では，近年の「働き方改革」で注目されてきている労働をめぐるさまざまな問題を取り上げます。まず第4章「企業にとって労働者はどのような存在なのか？」では，非正規雇用や長時間労働の問題などの考察を通じて，企業にとって労働者がどのような存在なのかを考えていきます。第5章「労働者にとって労働はどれほど大切なものなのか？」では，視点を企業から労働者に移し，働く者の側から労働の価値をめぐる問題について考えていきます。この考察は，労働のあり方とともに，労働社会と呼ばれる現代社会のあり方を問うことにもなります。

第5章までは生産面に関わるテーマを取り上げますが，第6章「いま求められる消費のあり方とはどのようなものか？」では，消費面に話題を移します。現代社会は，労働社会という特徴と同時に，消費社会という特徴も持っています。第6章では，この消費社会におけるさまざまな問題を取り上げ，消費のあり方について考えていきます。

第7章からが第Ⅱ部ですが，まず第7章と第8章では，市場の機能と分配のあり方に関わる問題を取り上げます。第7章「市場はどのように評価されるのか？」では，これまでの各章で前提とされてきた市場それ自体が経済倫理という視点からどのように評価されるのかを見ていきます。経済学では通常，効率性という視点から市場が評価されますが，ここでは効率性を含め，経済倫理というより広い視点から市場について考えていきます。第8章「分配はどのようにあるべきなのか？」では，格差問題として知られる分配に関わる問題に焦点を当て，公正な分配をめぐる議論の考察を通じて分配のあり方を考えていきます。

第9章から第11章では，福祉国家体制を取り上げることによって，政府や経済体制のあり方について考えていきます。第9章「福祉国家はなぜ必要とされたのか？」では，福祉国家誕生から今日にいたるまでの歴史的経緯を思想的基盤にまで踏み込みながら振り返ります。少し歴史的な話になりますが，それを通じて，政府の役割や経済体制のあり方を考えていきます。第10章「福祉国家は何を行うのか？」では，福祉国家体制の下で実施されてきた具体的な政策の内容とその課題を整理し，そのうえで，多様な政策のあり方について考えていきます。第11章「福祉国家はなぜ維持不可能なのか？」では，福祉国家体制がこれまで通りの形では維持不可能になってきていることを説明し，福祉国家体制に代わる新たな経済社会の枠組みを構想するにあたって，どのような点に注意しなければならないかを見ていきます。

終章「経済倫理を学ぶことはなぜ大切なのか？」では，これらの各章で述べてきたことを整理し，経済倫理を学ぶことの大切さについて考えていきます。

● おわりに

「はじめに」で述べたように，みなさんは，経済倫理や倫理というと堅苦しくて面白くないというイメージを持たれるかもしれません。しかし，本章で説明したように，経済倫理とは，みなさんが経済生活を送るにあたって，社会の一員として守るべきルールです。したがって，みなさんがどのような立場にあるとしても，経済倫理について学ぶ必要があります。

それだけでなく，みなさんは，経済倫理を通して，さまざまなことを学ぶことができます。企業や非営利組織のあり方，労働や消費のあり方，市場，政府，さらには経済体制のあり方にいたるまで，経済倫理に関わるさまざまな問題について理解を深めていくことができるようになります。そして，これらの問題についての理解を通して，みなさんは，よりよい経済社会とは何か，また，その中で自分はどのような生き方をするべきなのかを学んでいくことができるようになります。経済倫理を学ぶことは，最終的にはみなさん自身の生き方について考えることにつながっていくことを忘れないでいてほしいと思います。

第Ⅰ部

経済主体に求められる倫理的行動

第**1**章

企業の利益追求は経済倫理と矛盾するのか？

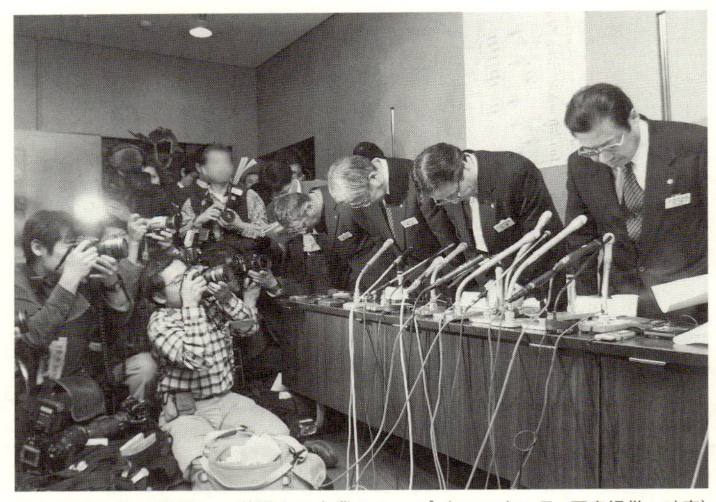

牛肉偽装事件が発覚し，謝罪する企業のトップ（2002年1月，写真提供：時事）

● はじめに

市場における経済主体には経済倫理を守った行動が求められますが，しかし現実を見れば，経済倫理に反した行動があとを絶ちません。とりわけ企業に関わるさまざまな不祥事は，しばしば大きな社会問題として新聞やテレビで取り上げられます。偽装表示，粉飾決算，インサイダー取引，労働者や下請けへの過酷な要求など，さまざまな企業不祥事が続発しています。企業不祥事を起こした企業は，ときには法律違反に問われ，厳しく罰せられ，そうでなくても，企業イメージの悪化は避けられません。それによって売上は減少し，信頼や業績の回復に長い年月を要するだけでなく，最悪の場合には倒産や廃業に追い込まれることもあります。

こうした深刻な結果をともなうにもかかわらず，企業はなぜ不祥事を引き起こしてしまうのでしょうか。本章では，この問題の考察を通じて，利益追求という企業の論理と経済倫理との関係について見ていくことにしましょう。

1 近年の企業不祥事

企業不祥事がなぜ起きるのかを見ていく前に，2000年代以降，大きな社会問題として取り上げられた企業不祥事を中心に，日本でどのような企業不祥事が起きてきたのかを紹介することにしましょう。

1.1 食品関連の企業不祥事

2000年代に入って企業不祥事としてまず大きく取り上げられたのが，食品関連の偽装事件です。その始まりは，国産牛肉の買い取り制度を悪用した牛肉偽装事件です。2001年のことになりますが，狂牛病とも呼ばれるBSE（牛海綿状脳症）を発症した牛が日本ではじめて確認されました。政府は，消費者の不安を解消するために牛の全頭検査を始めましたが，それ以前に解体された国産牛肉については，政府の補助金により買い取るという制度を導入しました。この制度を悪用し，複数の食肉卸業者が輸入牛肉を国産牛肉と偽装したのがこの事件です。2002年から2004年にかけて偽装が次々と発覚しますが，偽装に手を染めた企業の中には，雪印食品のように解散に追い込まれたケースもありました。

こうした一連の牛肉偽装事件に続いて，2007 年以降になると，産地を偽装したり，消費・賞味期限を改ざんしたりといった事件が毎月のように次々と発覚していきます。

また，食品関連ではありませんが，同じ時期にこうした偽装が業界ぐるみで行われていたと思わざるをえない事件も起きています。それは，2008 年 1 月に発覚した再生紙偽装事件です。この事件では，日本製紙連合会（製紙業界の団体）加盟の 17 社が再生紙の製造に際し，製品表示の配合率よりもはるかに低い配合率でしか古紙パルプを利用していなかったことが次から次へと明らかになり，このうちの 8 社は，景品表示法違反に問われました。

これらの偽装事件では，大手企業を含む多数の企業が，組織ぐるみ，業界ぐるみで目先の利益を追求し，遵法意識や倫理意識の低さをまさに露呈したということができます。とりわけ食品関連の偽装事件では，当該企業の食品だけでなく，食の安全性を脅かし，食品全体への消費者の信頼を失墜させたといわざるをえません。

1.2　保険金の不払いに関わる企業不祥事

消費者の信頼を失わせるという点でいえば，2000 年代にもう一つ大きな社会問題となったのが，保険会社による保険金不払い事件です。この事件は，2005 年に大手生命保険会社による保険金の不払いが発覚したことを発端とし，その後，2007 年までの間に生命保険・損害保険を問わず，業界全体で次々と保険金の不払いや支払い漏れが発覚していった事件です。最終的に保険金の不払いや支払い漏れは，生命保険と損害保険を合わせて 186 万件，総額 1443 億円にのぼり，また，多くの生命保険会社や損害保険会社が金融庁から業務停止命令や業務改善命令を受けることになりました。

消費者は，リスクに備えて保険に加入しています。しかし，リスクが顕在化したときに保険金を受け取れないというのでは，消費者は，なんのために保険に入っているのかわからなくなります。その意味で，この事件は，保険会社が消費者の信頼を失っただけでなく，保険そのものの存在意義を損なった事件であったということができます。

1.3　粉飾決算に関わる企業不祥事

2000年代以降の企業不祥事として繰り返し発生し，そのたびに社会的に大きな問題として取り上げられてきた事件に，粉飾決算に関わる不祥事があります。粉飾決算というのは，不正な会計処理を行うことで，巨額の損失を隠ぺいしようとするものです。この粉飾決算の事件といえば，2001年に発覚したアメリカの大手エネルギー企業，エンロンの事件（エンロンは，この粉飾決算事件により市場の信頼を失い，2002年に破綻しています）が有名ですが，日本でもたびたび粉飾決算事件が起きています。とりわけ大きな問題として社会的に取り上げられた事件としては，カネボウ（2004年発覚），オリンパス（2011年発覚），東芝（2015年発覚）の事件などがあります。粉飾決算のやり方は多様ですが，いずれの事件においても，粉飾決算を行うことで，何年にもわたって損失が隠ぺいされてきました。

こうした不正な会計処理は，ひとたび発覚すれば，当該企業に深刻な結果をもたらすだけではありません。そもそも決算は，企業の経営状況を示す指標であり，投資家の投資行動の決定にあたって重要な資料となるものです。その決算が粉飾されていたとなると，投資家は，何を信頼して投資すればよいかわからなくなります。その意味で，繰り返される粉飾決算事件は，企業に対する投資家の信頼を大きく損なう事件だということができます。

Column① 内部告発

本文で紹介した企業不祥事もそうですが，企業不祥事は，しばしば内部告発によって発覚しています。**内部告発**というのは，組織内部の者が組織の不正を外部に告発することを意味します。しかし，内部告発をした者は，その組織内部で嫌がらせを受けたり，解雇されたりといった重大な不利益を被ることになりかねません。そのため，日本では，2004 年に公益通報者保護法が制定され，内部告発をした者を保護する制度が整えられてきています。

この内部告発をめぐっては，倫理という視点から，一つの重要な問題が提起されます。それは，業務上知りえた情報を外部に漏らしてはならないという組織に対する義務（いわゆる守秘義務）と組織の不正をおおやけにすることによって公益を実現するという社会に対する義務とが相反するという問題です。いずれの義務を重視するかによって，内部告発のあり方は変わってきます。組織に対する義務をより重視すれば，内部告発はよほどの事情がない限り許されないということになります。一方，社会に対する義務をより重視すれば，内部告発は積極的に奨励すべきだということになります。

このように内部告発には異なった考え方が存在します。しかし，組織に対する義務を重視するあまり，公益の実現のために必要な内部告発が困難になるような状況がつくり出されては意味がありません。もちろん，組織に何か問題があった場合に，組織内で解決可能であるにもかかわらず，組織内の手続きを無視して内部告発することは，組織に対する義務という点から問題があります。必要なことは，組織に対する義務に配慮しながらも，内部告発を封じ込めてしまうことのない環境を整えることでしょう。

1.4 製品検査に関わる企業不祥事

最後に，2015 年以降に大きな社会問題となってきた企業不祥事について見ておくことにしましょう。それは，製品の性能検査に関わる偽装事件です。2015 年から 2017 年の間に，東洋ゴム，三菱自動車，日産自動車，スバル，神戸製鋼，三菱マテリアルなど，日本のものづくりに関わる大手企業がみずからの製品の性能検査において不正な検査やデータ改ざんなどの偽装をしていたことが次から次へと発覚していきます。しかもその偽装は，何年にもわたって，まるで慣行のように行われていたことも明らかになり，コンプライアンス（法令遵守）意識の低さや，検査部門や子会社に対するガバナンス（統治）の欠如を露呈することになりました。

こうした性能検査に関わる偽装は，当該企業だけでなく，取引先企業，ひいては消費者にも多大な影響を及ぼすことになります。なぜなら，性能検査の偽装は，それが安全性に関わる問題であるだけに，一つ間違えれば，大きな事故を引き起こすことにもなるからです。そのため，こうした偽装が行われれば，取引先企業を巻き込む形での安全性の再確認や検査体制の見直しなど，本来であれば必要ではなかった対策も必要になってきます。しかも，一連の偽装事件では，偽装を行ってきたのが，日本の製造業を代表する大手企業であったために，日本製の製品に対する信頼を損ない，日本のものづくりの質そのものが問われる事態になってきています。

2 企業の論理

前節では，2000 年代以降の企業不祥事について見てきました。企業不祥事は，それがいったん明らかになると，当該企業に深刻な打撃を与えるだけではありません。その企業の株主，従業員はもちろんのこと，業界全体，取引先の企業，顧客，地域経済にまで不利益をもたらし，ひいては日本経済にまで影響を及ぼすことになりかねません。それでは，どうしてこのような深刻な影響を引き起こす不祥事を，企業は起こしてしまうのでしょうか。次にこのことを考えていくことにしましょう。

2.1 営利組織としての企業

企業は，**営利組織**とも呼ばれるように，営利，つまり利益の追求を目的とした組織です。ここでいう利益とは，収入から費用を差し引いた差額，いわゆる利潤のことを意味します。企業の利益追求行動は，それ自体が悪のように語られることもありますが，それでは企業の存在それ自体を否定することになりますから，そのような主張は行きすぎといわざるをえません。

企業が利益追求を目指すのは，一つにはそれによって企業の経営者，従業員，株主といった人びとの所得が増え，かれらの生活が豊かになるからです。逆に，企業が利益をあげることができなければ，企業はつぶれてしまい，かれらは露頭に迷うことになります。しかし，それだけではありません。もう一つ，重要な理由としてあげられるのが，企業が**市場競争**にさらされているということです。今日のように厳しい市場競争の中では，できる限り多くの利益をあげ，企業業績を高めていくことのできないような企業は，他企業との競争に敗れていかざるをえません。そうした企業は，銀行や投資家からの評価も得られず，資金調達にさえ困難をともなうことになってしまいます。

こうした理由から，企業が利益追求を目指すことそれ自体に問題があるわけではありません。問題は，企業の利益追求と経済倫理の遵守とが相反した場合に生じてきます。利益追求と経済倫理の遵守とが相反した場合，企業の第一の目的が利益追求にある以上，経済倫理の遵守は，それが法律によって強制されない限り，どうしても軽視されがちです。もちろん，経済倫理の遵守が法律上の義務とされている場合には，当然，企業はこれにしたがわなければなりません。しかし，この場合でも，ときに企業は，法律の抜け穴を利用するような形で，あるいは発覚する可能性が低いと判断すれば法律を犯してでも，利益を追求するといったことが生じてきます。

企業不祥事につながるこうした企業の行動は，企業が短期間に利益をあげなければならないような状況に置かれているときに，とりわけ生じやすくなってきます。不況期や厳しい競争の中で企業業績が悪化したり，株主によって短期の利益の獲得が強く求められたりする場合です。企業の置かれている状況はさまざまですが，いずれにしても，こうした短期的な利益至上主義に陥っている企業は，不祥事を起こしやすいということができます。

2.2 費用・便益計算の問題

前節で取り上げた事例の中にも，安全性の問題に関わる企業不祥事の例がありましたが，その種の企業不祥事を起こした企業には安全性を軽視する企業風土があったとよく指摘されます。安全性を高めるためにはどうしても費用がかかってしまうため，短期的な利益計算にもとづく企業ほど，安全性向上のための費用はかけたくないと考えることでしょう。そのため，そうした企業は，法律上の最低限の基準を超えるような安全性の向上に取り組もうとはしなくなり，また，多くの企業不祥事に見られるように，ときにはその最低限の基準さえ満たさないような行動をとることにもなります。

こうした考え方を持っている企業は，法律上の最低限の基準の引き上げが提案された場合には，これに強く反対しようとします。なぜなら，法律上の最低限の基準が引き上げられれば，いやおうなく安全性の向上に取り組まざるをえなくなるからです。企業がこうした安全性基準の引き上げにどのような論理で反対するのかを，企業倫理や技術倫理の分野でしばしば紹介されるフォード・ピント事件を通じて知ることができます。企業の論理を考えるうえで重要な事例ですので，簡単に紹介することにしましょう。

1970年代のアメリカでの事件ですから，ずいぶんと古い話になりますが，その当時，アメリカでは自動車の衝突による火災死傷事故が多く発生していました。そのため，政府は，自動車の安全基準を強化しようとしていました。これに対し，自動車メーカーのフォードが反対を表明します。その反対意見の一つとして示されたのが，表1-1のような計算式です。

計算式の中の便益というのは，安全基準の強化をしなかった場合に発生する事故の損害額を計算したものです。安全基準の強化によって対策がとられた場合には，この金額分の損害が発生しませんので，それが安全基準の強化による便益ということになります。一方，費用というのは，安全基準の強化にともなう自動車の改修費用です。フォードは，このような費用・便益計算を行うことで，安全基準の強化にともなう費用がはるかに便益を上回るとして安全基準の強化に反対します。その後，この計算式は，フォードが当時，製造販売していたピントという小型車に関わる死傷事故の裁判の中で，フォードが安全性を軽視していた証拠として提出されることになります。裁判の結果，フォードは敗訴し，巨額の賠償金の支払いを科せられます。これがいわゆるフォード・ピント事件です。

計算式を見ればわかるように，フォードは，人間の命も金銭評価し，企業の論理ともいえる費用・便益計算を用いることで，安全基準の強化に反対しています。ただし，ここで注意しておかなければならないことは，この費用・便益計算がフォード1社だけに関わる，あるいはピントの改修のみに関わる利益計算ではない

表 1-1　フォードの計算式

安全基準の強化による便益
　救われるもの
　　180 人の焼死，180 人の重傷火傷，2100 台の炎上車両
　防がれる損害額
　　死者 1 人当たり：＄200,000
　　負傷 1 人当たり：　＄67,000
　　車両 1 台当たり：　　　＄700
　合計便益
　　180×$200,000＋180×$67,000＋2,100×$700＝4953 万ドル
安全基準の強化による費用
　販売台数
　　1100 万台の乗用車，150 万台の軽トラック
　改修費用
　　1 台当たり：$11
　合計費用
　　1100 万×$11＋150 万×$11＝1 億 3750 万ドル

（出所）　伊勢田（2016）より作成。

ということです。ここで行われた計算は，安全基準の強化によって改修が必要となる自動車すべてを対象にした社会全体にとっての費用と便益の計算です。

こうした社会的な費用と便益の計算は，倫理学の分野で功利主義として知られている考え方に則したものということができます。功利主義については，第 8 章で詳しく取り上げますが，簡単にいえば，行為ないし規則の社会的便益が社会的費用を上回っていれば，その行為ないし規則は倫理的に正しいという考え方です。そのため，フォードによるこの計算は，そこで用いられている金額の妥当性を別にすれば，まさに功利主義的な計算にもとづくものであって，倫理的に問題のあるものではないという立場をとることもできます。しかし，フォードの主張は，本当に倫理的に何も問題がないのでしょうか。この点に関してはしばしば，人間の命

に対する価格づけの問題や，社会の利益のために少数の人が犠牲になってもよいのかという問題が指摘されます。しかしここでは，当時のフォードの企業論理という点から2つのことを指摘することにしましょう。

第1に，先の計算は，すでに販売している自動車の改修にともなう短期的な費用・便益の計算であって，安全基準の強化による長期的な費用・便益の計算ではありません。そのため，このような計算にもとづいて安全基準の強化に反対することは，フォードが短期的な視点にしか立っていないことを示しています。

第2に，表の計算は社会的な費用・便益に関するものというよりも，自動車メーカーの利益を計るためのものであると解釈できるという点です。表の便益の金額は，改修をしなかった場合に起こる事故の損害額です。この全額を自動車メーカーが損害賠償として支払わなければならないとすると，その金額は4953万ドルです。他方，自動車メーカーがすべての対象車の改修を行った場合，事故の賠償金支払いはありませんが，その金額をはるかに上回る1億3750万ドルが改修費用としてかかります。表の計算をこのように解釈すれば，フォードの行動は，たとえ被害者への損害賠償が発生したとしても，自動車の改修をしないでおいた方が自動車メーカー全体としてはるかに利益になるから，自動車の改修が必要にならないよう，安全基準の強化に反対したことを意味しています。

フォードも営利企業である以上，こうした計算をするのは仕方がないという意見もあります。しかし，少なくともその当時，フォードには業界の短期的な利益を優先し，安全性を軽視する企業風土があったということは否定できません。

2.3　市場競争の問題

食品関連や再生紙の偽装事件のときも，保険金の不払い事件のときもそうでしたが，ある企業で不祥事が発覚すると，同じ業界の他の企業でも同様の不祥事が次から次へと発覚していくということがよく見られます。このことは，企業不祥事の問題が1社だけにとどまるものではなく，業界全体に広がっていて，業界全体として経済倫理を軽視する傾向があったことを示しています。

それでは，なぜこのように経済倫理を軽視する傾向が業界全体に広がってしまうのでしょうか。その大きな理由としてあげられるのが，どの企業も市場での厳しい**競争**に直面しているということです。とりわけ，今日のようなグローバル化が進んだ経済においては，企業は，国内のライバル企業だけでなく，海外の，ときにより安価に製品を供給する企業との激しい競争にさらされています。こうした厳しい競争下にある企業にとって，経済倫理を遵守したり，倫理性のより高い行動をとったりすることは，少なくとも短期的には競争上，不利な状態に置かれる可能性があります。たとえば，再生紙の偽装問題でいえば，古紙パルプ配合率を製品表示通りに高めてしまうと品質確保ができず，顧客を他企業に奪われてしまうという事態が予想されました。そのため，製紙会社各社は，市場競争の中でマーケット・シェアを維持するために，古紙パルプ配合率の偽装を行ったとされています。

このように，経済倫理を遵守することが競争上の不利益をもたらすと予想される場合，企業は，経済倫理に反した行動をとろうとする誘因を強く持つことになります。もちろん，他のすべての企業が経済倫理を遵守してくれれば，競争上の不利益は生じません。しかし，その保証はどこにもないわけですから，もし自社だけが経済倫理を遵守し，他企業がそれを遵守しなければ，自社だけが大きな損失を被ることになります。このリスクを回避するためには，各企業は，経済倫理に反した行動をとる必要があります。逆に，もし他の企業が経済倫理を遵守し，自社だけが経済倫理に反した行動をとるとすれば，自社は，競争上，非常に有利な立場に立つことができます。そのように考えて，各企業は，むしろ積極的に経済倫理に反した行動をとろうとするかもしれません。

いずれにしても，市場での厳しい競争関係に置かれている企業にとっては，他企業との競争を勝ち抜くために，経済倫理に反した行動をとる誘因が働いてくることになります。もちろん，そうした行動が法律違反ということになれば，ときに厳しい罰則が科せられますから，一定の歯止めがかかります。しかし，その行動が法律違反に問われることがない，あるいは発覚するおそれが低いと企業が考えるならば，業界全体として経済倫理が失われていく傾向が強くなっていくということができます。

3 企業の論理と経済倫理は対立するのか？

3.1 市場の「見えざる手」

前節までの説明によれば，企業は利益を追求し，経済倫理を軽視する存在であって，企業の論理と経済倫理は対立するというように，みなさんは思われるかもしれません。しかし，利益追求という企業の論理と経済倫理は対立するものではなく，両者は一致するという考え方もあります。企業の論理と経済倫理が一致すると考える人たちによってしばしば主張されるのが，企業の利益追求行動によって，市場全体として見れば，社会的によりよい結果がもたらされるという考え方です。

この主張は，明らかに A. スミスの「見えざる手」の議論に依拠しています。スミスの代表的著作といえば，もちろん『国富論』ですが，この本の中でかれは，市場がいかに優れた機能を持っているかを描き出しています。ここで，かれの議論を簡単に紹介することにしましょう。

市場では，各人は，交換を通じて自分の必要とするさまざまな財を手に入れることができます。そのため，各人は，それらの財をすべて自分で生産する必要はなく，自分の得意とする財の生産に特化することができるようになります。こうして分業の体系が構築されますが，この体系の中で，各人は，より質の高い財をより多く，また，より安価に生産しようとします。しかし，これは，そうすることで各人が自分の利益を高めることができるからであって，社会全体のことを考えてのことではありません。それにもかかわらず，結果として，一国で生産される財の量は，大幅に増加していきます。生産された財は，市場での交換を通じて人びとの手に渡ることになりますから，人びとのニーズはますます満たされ，人びとは経済的に豊かな生活を送れるようになります。こうした経済的豊かさの向上は，誰かの計画によって，つまりは「見える手」によって実現されたものではありません。各人は，自分の利益を追求しているだけなのに，市場という「見えざる手」に導かれて，社会全体の経済的豊かさの向上に貢献することになります。

スミスはこのように主張しますが，企業の立場からこの市場の「見えざる手」の議論を見れば，企業の利益追求行動は倫理的に問題のあるものではなく，むしろ社会的に望ましい行為だということになります。しかし，市場の優れた機能を論拠として，企業の利益追求行動を経済倫理的に正当化することには，何も問題がないのでしょうか。これに関して，次の２つの点を指摘しておくことにしましょう。

第1に，スミスの「見えざる手」の議論以降，経済学の分野においてたしかに市場が優れた機能を持つことが証明されてきましたが，同時に，市場はけっして完全なものではなく，「市場の失敗」として知られるさまざまな問題をもたらすことも示されてきました。詳しくは第7章で説明しますが，市場競争に何もかも任せてしまった場合，社会的によりよい結果ばかりがもたらされるわけではありません。したがって，市場の優れた機能だけを論拠として，企業の利益追求行動が正当化されるということにはなりません。

第2に，市場が優れた機能を発揮するためには，市場で行動する主体に一定の倫理性が求められます。なぜなら，市場で行動する主体がなんらの倫理性も持ちあわせていないとすれば，市場が優れた機能を発揮することなど考えられないからです。たとえば，誰も約束を守ろうとはしない市場を考えてみてください。そのような市場では取引相手のことを誰も信用しなくなり，市場取引は縮小していかざるをえません。したがって，企業の利益追求行動を正当化するために，市場の優れた機能を持ち出したとしても，企業は，経済倫理のことなど無視して，ひたすら利益の追求に取り組めばよいということにはなりません。むしろ，企業は，市場が優れた機能を発揮するためにも，一定の経済倫理に配慮した行動を求められているということができます。

3.2　長期的な利益の最大化

企業の利益追求行動と経済倫理が両立するとするいま一つの考えは，経済倫理にしたがった行動をとることが長期的には企業にとって利益を増やすことにつながるという主張です。すなわち，経済倫理にしたがった行動をとり続ければ，短期的には費用がかかるかもしれませんが，長期的にはそれによって取引先や消費者

Column ② スミスの経済思想

スミスは，近年，イギリスで独立の機運が高まったスコットランド出身の 18 世紀の道徳哲学者です。かれは『国富論』において経済学の出発点ともいえる考えを提起したため，「経済学の父」ともいわれています。

かれの名前は，本文で紹介した市場の「見えざる手」の議論で知られていますが，この議論だけを見ると，市場で企業はひたすら利益を追求すればよいという主張を，かれがしていたように思われます。しかし，これはまったくの誤解です。かれのいま一つの主著に『道徳感情論』がありますが，この本の中で，かれは，人間には他人の利益よりも自分の利益を優先する自然の性向があるが，他人を犠牲にしてまで自己利益を追求することは，**公平無私な観察者**がけっして許さないと主張しています。「公平無私な観察者」というのは，自分自身の行動が倫理的に許されるのかを判定する心の中の目のようなものです。

スミスは，人間が自己利益を追求する際には，この「公平無私な観察者」の立場に立って，その行為が許される行為なのかを判断し，許されない行為であれば，それを自制することを求めます。したがって，スミスは，人びとがただひたすら自己利益を追求するような市場経済を求めたのではありません。むしろ，人びとが自己利益を追求するにあたっては，「公平無私な観察者」によって非難されることのない，いわばフェアプレーの精神にのっとった形で人びとが行動する，そうした経済社会の枠組みをこそ求めたのです。

最後に，スミスの逸話を一つ紹介しましょう。スミスは，幼い頃に誘拐されたことがあったようです。幸い事なきを得ましたが，もしこのとき，何かあったら，その後の経済学の歴史はまったく変わったものになっていたかもしれません。

の信頼を得られ，結果的により大きな利益を得ることができるようになるというわけです。たとえば，自動車産業の例でいえば，安全性の開発には多額の費用がかかりますが，安全性の向上にたえず取り組むことによって，安全な車を生産しているという信頼を消費者から得られ，それによってより大きな利益が得られると

いう場合です。

実際，さまざまな企業不祥事の結果を見ても，経済倫理を無視した短期的な利益追求行動は，長期的には企業にとって割に合わないということができます。とくに，それが法律違反にまで及んだ場合には，処罰の対象となり，巨額の損失を被るだけでなく，失われた信頼を取り戻すには長い期間を要し，体力のない企業であれば倒産や廃業に追い込まれることになります。したがって，長期的な視点に立てば，経済倫理を守って行動した方が企業の利益にかなっているという議論は，たしかに一定の妥当性を持つということができます。しかし，こうした議論に対しては，次の2つの点で注意する必要があります。

第1に，より大きな利益をあげるために経済倫理を守るということは，はたして倫理的な行動といえるのかという点が問題になります。なぜなら，その考えにしたがえば，あくまで重要なのは，利益の獲得であって，経済倫理を守るのはそのための手段としてしか捉えられていないからです。そのため，倫理を利益獲得のための手段としてしか捉えないこのような議論は本当に倫理的といえるのか，という批判がしばしばなされることになります。

第2に，この議論が成り立つためには，企業が長期的な視点に立てるということが前提になります。もし，企業が長期的な視点に立つことができない状況に置かれている場合には，経済倫理を守るという行動をとることが難しくなってきます。企業が長期的な視点に立つことができるかは，企業自身の考え方や経済の状況，競争の厳しさといったさまざまな要因に左右されますが，一つ重要な要因として考えておかなければならないのが，株主の行動です。アメリカの投資家によく見られるように，株主が短期的な利益を強く求めるような場合，企業が長期的な視点に立った経営を行うことは難しくなります。したがって，企業が長期的な視点に立つことができるようになるためには，投資家が短期主義から長期主義へと変わる必要があるということができます。

● おわりに

本章で紹介した事例にとどまらず，企業不祥事は，次から次へと発生してきています。企業の第一の目的は，利益の追求にあるため，この利益追求と経済倫理の遵守とが相反した場合，どうしても利益の追求が優先されます。とりわけ短期的な利益の獲得に囚(とら)われている企業は，ときに法律に反してまで利益を得ようとし，企業不祥事を引き起こしてしまうことになります。

しかし，利益の追求という企業の論理と経済倫理とは，かならずしも対立するわけではありません。むしろ，両者は一致するという考え方もあります。市場の見えざる手の議論は，利益の追求が社会にとってよりよい結果をもたらすことから，利益の追求を経済倫理的に正当化しようとします。しかし，この議論は，経済倫理をまったく無視するような利益の追求を正当化するものではありません。また，経済倫理にしたがった行動をとることが長期的な利益の獲得につながるという考え方は，企業の論理と経済倫理が一致する可能性を示すものということができます。ただし，この可能性が現実のものとなるためには，企業が長期的な視点に立った経営をとることができるようにならなければなりません。

企業の論理と経済倫理の関係は，単純なものではありません。企業の論理と経済倫理が一致する場合もあれば，相反する場合もあります。企業は，たしかに利益の追求を第一の目的とする組織です。しかし，そうだとしても，企業は，企業の論理と経済倫理が相反した場合に，経済倫理を無視しても構わないということにはなりません。このことだけは，きちんと押さえておく必要があります。

第2章

企業にはいま何が求められているのか？

企業が発行する CSR 活動報告書（写真はイメージ）

● はじめに

前章で述べたように，企業は営利組織ですから，利益の追求を目的として事業を行うことそれ自体に問題があるわけではありません。しかし企業は，利益の獲得のためには何をしてもよいというわけではありません。とりわけ現在の企業は，企業市民ともいわれるように，営利活動を行うだけでなく，社会を構成する一員（市民）として社会的責任を果たすことも求められています。

それでは，企業に求められる社会的責任とはどのようなものでしょうか。本章では，この**企業の社会的責任**（一般にCSRという表現がよく用いられています。これは，英語表記のcorporate social responsibilityの略です）の問題を取り上げ，その考察を通じて，今日，求められている企業のあり方について考えていくことにしましょう。

1　企業の社会的責任をめぐる動き

1.1　経済団体の動き

企業の社会的責任の議論に入る前に，まずは日本における企業の社会的責任をめぐる動きについて押さえておくことにしましょう。日本で企業の社会的責任が問われるようになるのは，公害が社会問題化した1950年代後半以降のことです。公害問題だけでなく，さまざまな企業不祥事が相次いだことから，産業界の代表である経済団体は，早くから企業の社会的責任に関する提言を行ってきました。代表的なものとしては，1956年の経済同友会による「経営者の社会的責任の自覚と実践」や1973年の日本経済団体連合会（経団連）による「福祉社会を支える経済とわれわれの責任」があげられます。

企業の社会的責任をめぐるこうした経済団体の動きは，1990年代以降に本格化してくることになります。その中でも注目されるのが，経団連の動きです。経団連は，1991年に**経団連企業行動憲章**を制定しました。CSR憲章ともいえるこの企業行動憲章において，経団連は，企業に対して7つの原則にしたがって社会的責任を果たすように求めました。経団連の企業行動憲章は，その後，何度か改正されますが，最新の2017年の改正では，企業は「関係法令，国際ルールおよびその精神を遵守しつつ，高い倫

表 2-1　企業行動憲章の 10 の原則

1.　イノベーションを通じた社会に有用で安全な商品・サービスの開発と提供。持続可能な経済成長と社会的課題の解決。
2.　公正かつ自由な競争および適正な取引の実行。政治・行政との健全な関係の維持。
3.　企業情報の積極的，効果的かつ公正な開示。企業をとりまく幅広いステークホルダーとの建設的な対話を通じた企業価値の向上。
4.　すべての人びとの人権を尊重した経営。
5.　消費者・顧客に対する商品・サービスの適切な情報提供と誠実なコミュニケーションを通じた満足と信頼の獲得。
6.　従業員の能力の向上。多様性，人格，個性を尊重する働き方の実現。健康と安全に配慮した働きやすい職場環境の整備。
7.　人類共通の課題である環境問題への主体的取り組み。
8.　「良き企業市民」としての積極的な社会参画と発展への貢献。
9.　反社会的勢力の行動やテロ，サイバー攻撃，自然災害等に備えた組織的な危機管理の徹底。
10.　本憲章の精神の実現のための経営トップによる実効あるガバナンスの構築と社内，グループ企業への周知徹底。本憲章に反する事態が発生した際の経営トップによる問題解決，原因究明，再発防止等の実行。

（出所）　日本経済団体連合会（2017）より作成。

理観をもって社会的責任を果たしていく」（日本経済団体連合会，2017）と述べたうえで，この憲章の精神を実現するための 10 の原則が掲げられています。表 2-1 は，その 10 の原則を要約したものです。これらの原則を見ればわかるように，経団連は，企業不祥事への対応だけでなく，グローバル化の進展や環境問題の深刻化などの現実の動きを受け，さまざまな取り組みを通じて社会的責任を果たすように，企業に求めています。

1.2　国際的な標準化の動き

企業の社会的責任を求める動きは，日本だけではありません。アメリカにおいても，ヨーロッパにおいても，企業の社会的責任が求められてきました。しかし，企業の社会的責任に関しては，その行動規範や基準が各国ごとに異なっているという状況にありました。そのため，1990年代以降の経済のグローバル化の進展に合わせて，企業の社会的責任に関する国際的に統一された基準づくりを求める動きが生じてくることになります。

こうした動きを受けて，ISO（国際標準化機構）によって，2010年に制定されたのがISO26000です。このISO26000は，企業のみを対象としたものではなく，企業を含め，あらゆる種類の組織を対象とした社会的責任に関する手引書です。そこでは，社会的責任の中核的主題として，①組織統治，②人権，③労働慣行，④環境，⑤公正な事業慣行，⑥消費者課題，⑦コミュニティへの参画およびコミュニティの発展の7つがあげられ，そのそれぞれについて各組織が取り組むべき多様な課題が示されています。このISO26000は，2014年の経済同友会の調査によれば，すでに約3割の企業によって活用され（経済同友会，2014），社会的責任に関しても国際標準に合わせようとする動きが始まっています。

1.3　企業の社会貢献活動の広がり

先に見た企業行動憲章の原則に掲げられていたように，企業には「良き企業市民」として社会貢献活動に積極的に取り組むことも求められるようになってきています。日本では，バブル期に企業業績が向上したこともあり，1980年代後半頃から企業の社会貢献活動が盛んに行われるようになります。こうした企業の社会貢献活動の広がりを端的に示すものとして，フィランソロピーとメセナという言葉がこの時期から日本で市民権を得るようになったことがあげられます。

フィランソロピーとは，人類愛や博愛という意味ですから，その言葉自体は，慈善的な活動一般を指す広い概念ということができます。ただし，日本では，企業の社会貢献活動の高まりを受けて，1990 年が「フィランソロピー元年」といわれたことから，企業の社会貢献活動を表す言葉として知られるようになっていきます。具体的には，地域の清掃活動やさまざまな行事への参加，社会福祉や教育に関わる事業の開催や支援，被災地に対する支援活動など，さまざまな活動がフィランソロピー活動として行われるようになっています。

一方，メセナという言葉は，1990 年に「企業メセナ協議会」が設立されたことから一般に知られるようになっていきます。メセナとは，芸術や文化への支援を意味するフランス語ですから，企業の社会貢献活動の中でも，とくに芸術や文化活動に対する支援を意味する言葉として用いられています。具体的には，音楽，美術，演劇，伝統芸能などを対象とした資金の提供，それらの文化活動の主催，コンクールの顕彰事業など，さまざまな活動が企業のメセナ活動として行われています。

1.4　企業自身の捉え方

企業行動憲章や ISO 26000 で示されたように，今日，企業は，さまざまな活動を通じて社会的責任を果たすように求められています。それらの活動は，図 2-1 に示されるように，果たすべき社会的責任の種類に応じて，経済的責任，法的責任，道徳的責任の 3 つに分類されます。

経済的責任とは，企業の本来の役割である経済活動を通じて果たされる社会的責任のことを意味します。具体的には，社会的に有用な商品・サービスの提供，雇用の創出，株主への利益還元などが経済的責任に当たります。**法的責任**とは，企業に課せられる法令の遵守，一般にコンプライアンスと呼ばれているものです。ただし，ここでいう法令には，国の法律や自治体の条例だけでなく，ビジネス上のルールも含められます。最後に，**道徳的責任**と

図 2-1　企業の社会的責任の種類

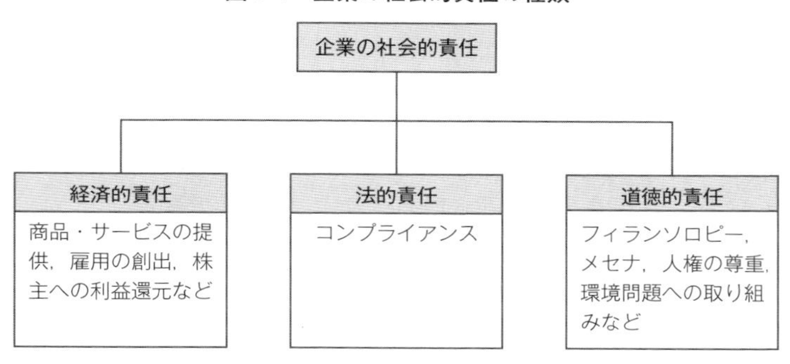

は，企業が法的義務を超える倫理的活動に取り組むことを意味します。先に説明したフィランソロピーやメセナのような社会貢献活動のほか，人権の尊重や環境問題への取り組みなどが道徳的責任に当たります。

このように今日，企業には，経済的責任や法的責任にとどまらず，道徳的責任も含め，さまざまな活動に取り組むことが求められています。2014 年の経済同友会の調査によれば，企業経営者の約 7 割が CSR を経営の中核として捉えているとのことですので（経済同友会，2014），すでに企業の多くがなんらかの形で社会的責任を果たそうとしているということができます。しかし，それらの企業は，多様な活動のうちどこまでをみずからの社会的責任と考えているのでしょうか。この問題に関して，企業によってその捉え方は異なっています。表 2-2 は，企業がどのような活動をみずからの社会的責任として捉えているかについての先の経済同友会による調査結果を示したものです。各項目の数値は，その項目を社会的責任と捉えている企業の割合を示しています。

まず，法的責任である「法令遵守」の割合は，約 9 割ともっとも高くなっています。このことから，法的責任に関しては，ほとんどの企業において，みずからの引き受けるべき社会的責任とし

表 2-2　社会的責任に含まれる活動

活動	割合
法令遵守	88%
よい商品・サービスの提供	85%
所在する地域社会の発展への寄与	80%
事業活動で生じる環境負荷の軽減	77%
収益をあげ，税金を納めること	69%
人権の尊重	69%
環境改善への社会貢献	67%
雇用創出	60%
株主への配当	54%
人体に有害な商品を提供しないこと	54%
新たな技術や知識の開発	51%
フィランソロピーやメセナ	41%
世界各国の貧困や紛争の解決への貢献	20%

（出所）　経済同友会（2014）より作成。

て捉えられているということができます。

次に，経済的責任に関しては，「よい商品・サービスの提供」が 8 割を超え，大多数の企業がよりよい商品・サービスの提供を通じて，消費者に対する責任を果たそうとしていることがわかります。これに対し，同じ経済的責任でも，「株主への配当」は約 5 割にとどまり，株主に対する責任をみずからの社会的責任と捉える企業は，消費者に対する責任に比べ低くなっています。

最後に，道徳的責任に関しては，人権意識の高まりや環境問題の深刻化を受けて，「人権の尊重」ならびに「環境改善への社会貢献」が約 7 割と高くなっています。これに対し，「フィランソロピーやメセナ」，「世界各国の貧困や紛争の解決への貢献」を社会的責任として捉える企業の割合はそれほど多くはありません。このことから，フィランソロピーやメセナのような社会貢献活動が広がってきているとはいえ，それらの活動が多数の企業によって社会的責任として引き受けられるにはいたっていないということができます。

こうした社会貢献活動に関わる項目に対する企業の割合の低さは，求められる義務内容の性質の違いによるものということができます。倫理学の代表的な考え方の一つに，**義務論**という考え方があります。義務論については，第4章で説明しますが，それによると，人間の義務には**厳格な義務**と**緩やかな義務**があるとされます。厳格な義務とは，人間として絶対に守らなければならない義務を意味し，それを守らなければ厳しく罰せられたり，強く非難されたりすることになります。一方，緩やかな義務は，絶対に守らなければならないというのではなく，守った方が望ましい義務のことで，守れば称賛されますが，守らなくても罰せられたり，非難されたりすることはありません。先にあげた「フィランソロピーやメセナ」や「世界各国の貧困や紛争の解決への貢献」は，まさにこの緩やかな義務に当たります。そのため，これらの活動をみずからの果たすべき社会的責任として捉える企業の割合は低くなっていると考えられます。

2 企業のあり方

前節で見たように，企業の社会的責任にはさまざまな責任が存在します。しかし，そもそも企業は，どこまでの責任を社会的責任として引き受けるべきなのでしょうか。この問いに対してどのような立場をとるかは，企業のあり方をめぐる議論と深く関わってきます。そこで以下では，企業の社会的責任をめぐる議論を見ながら，企業のあり方について考えていくことにしましょう。

2.1　ストックホルダー重視の立場

企業の社会的責任をめぐっては，これを狭く捉えようとする考え方と広く捉えようとする考え方があります。企業の社会的責任を狭く捉えようとする代表的論者が，M. フリードマンです。フリードマンは，1976 年にノーベル経済学賞を受賞した有名な経済学者ですが，その経済学での業績以上に，ラディカルな自由主義の思想を展開した論者としてよく知られています。そのフリードマンが，企業の社会的責任について，次のような議論を展開しています（フリードマン，2007，2008）。

今日の企業の多くは，株式会社の形態をとっています。株式会社の場合，**所有と経営の分離**といわれるように，所有者と経営者が異なり，企業の経営者は，所有者である株主から経営を委ねられている存在です。フリードマンは，両者のこの関係を強調し，企業は株主の所有物であって，経営者は株主の代理人にすぎないと主張します。経営者が株主の代理人にすぎない以上，経営者は，できる限り企業利益をあげ，その利益を株主に還元することにのみ専念して企業経営を行うべきだということになります。株主は**ストックホルダー**といわれますが，フリードマンは，まさにストックホルダーを重視した経営理念にもとづいた企業経営を求めているということができます。そして，企業経営のこの基本認識に立って，かれは，市場での自由競争のルールを守りながら，株主のためにできる限り利益をあげること，これだけが企業の社会的責任だと主張します。したがって，フリードマンの議論にしたがえば，「法令遵守」という法的責任と「株主への配当」という経済的責任だけが企業の引き受けるべき社会的責任であって，それ以外の社会的責任を，企業は引き受けてはならないということになります。

Column ③　カーネギーとビル・ゲイツ

本文で紹介したフリードマンの議論に見られるように，アメリカには，企業はひたすら利益を追求するべきだと考える人が多く存在します。この考え方は，経済的利益の追求に囚われたきわめて利己主義的な考え方だとして，しばしば批判されますが，かならずしもそうではありません。たしかに，企業が巨額の利益をあげることができれば，それによって，株主であれ，経営者であれ，多くの富を得ることができます。しかし，アメリカでは，かれらが富を獲得するのは，その富を用いて社会貢献を果たすためだという主張がしばしばなされます。

この考え方を主張した代表的論者がA. カーネギーです。カーネギーは，19世紀から20世紀初めに活躍したアメリカの大富豪の一人です。かれは，鉄鋼王とも称されたように，鉄鋼業で大成功をおさめ，巨万の富を手にします。しかし，かれは，豊かな人はみずからの富を社会に還元すべきだとの考えにもとづき，みずからの富を慈善活動に捧げ，図書館や大学を建設したり，教育振興や世界平和のための基金を創設したりといった社会貢献活動に取り組みました。

このカーネギーによって示された，企業活動を通じてひたすら富を蓄積するが，その富は社会貢献のために使うという経営者の理念は，現在でもアメリカの経営者に受け継がれています。たとえば，マイクロソフト社の創業者であるビル・ゲイツは，自身の得た資産をもとに，夫人のメリンダとともにビル＆メリンダ・ゲイツ財団を設立し，途上国の健康・教育・貧困の改善などに取り組んでいることで知られています。

こうしたフリードマンの議論は，日本では少し奇異に感じられるかもしれません。しかし，かれの議論の背後には，企業を株主の所有物と見なす，アメリカに根強く存在する企業観があることを理解する必要があります。

2.2　ステークホルダー重視の立場

これに対して，企業の社会的責任を広く捉えようとする人たち

図 2-2　企業のステークホルダー・モデル

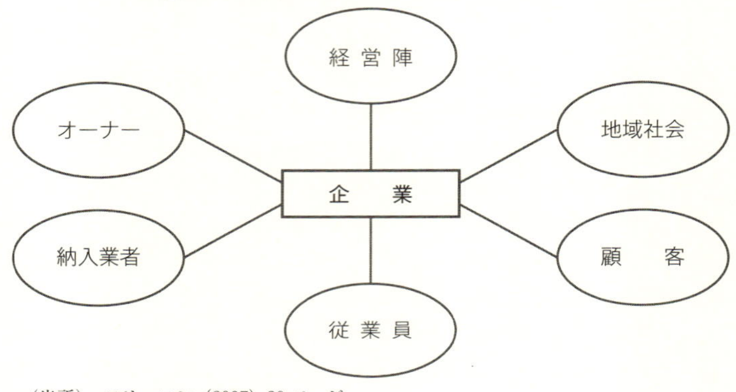

（出所）　フリーマン（2007）80 ページ。

は，企業を株主の所有物としてではなく，広く社会との関わりの中で存続することのできる存在，いわば社会の一員として理解します。すなわち，企業は，株主だけでなく，経営者，従業員，顧客，納入業者，地域住民など，さまざまな人たちと関わり合っています。こうした企業行動によって影響を受ける「利害関係者」をステークホルダーといいます。

図 2-2 は，企業のステークホルダーを図示したものです。図に示されている企業とステークホルダーとの間の関係は，ステークホルダーが企業から一方的に影響を受けるというようなものではなく，相互依存的な関係として捉える必要があります。すなわち，従業員は，企業から賃金を得ることによって生活をしていますが，従業員の労働がなければ，企業は生産を行うことができません。顧客は，企業の製品から便益を受けていますが，顧客が購入してくれなければ，企業は倒産してしまいます。企業と納入業者との間には，この顧客との関係を逆にした相互依存関係が成り立ちます。さらに，地域住民との関係では，地域住民は，自分たちの地域に企業が立地していることで経済的恩恵を受けることもあれば，

逆に，企業が公害を発生させるなど何か問題を起こせば，損害を被ることもあります。一方，企業は，その地域の資源を利用することで便益を得ていますし，地域住民に受け入れられなければ，その地域で存続していくことも難しくなります。

このように，企業は，さまざまなステークホルダーと相互依存の関係にあるため，かれらのうちの誰かに片寄った経営を行えば，企業が立ちいかなくなります。このことから，企業は，株主だけを重視するのではなく，多様なステークホルダーとの関係を重視し，かれらの利害を調整し，うまくバランスをとりながら企業経営を行っていく必要があります。

こうしたステークホルダー重視の企業経営の考え方に立てば，企業は，株主だけでなく，さまざまなステークホルダーに対して，果たすべき責任を負っていることになります。そのため，企業は，法的責任と株主への経済的責任だけを果たせばよいというわけにはいきません。しかも，ステークホルダーには地域社会も含められ，さらには広く地球環境からも企業は便益を得ているわけですから，企業は，地域社会や環境保護のための社会貢献も果たしていかなければなりません。したがって，この考えにもとづけば，企業は，法的責任や経済的責任にとどまらず，道徳的責任をも含めて広く社会的責任を引き受けるべきだということになります。

ストックホルダー重視の経営かステークホルダー重視の経営かという点でいえば，今日では，ステークホルダーを重視する考え方が受け入れられるようになってきています。前節で述べた企業行動憲章においても，「企業をとりまく幅広いステークホルダーとの建設的な対話」が企業の行動原則として明記されています。また，続発する企業不祥事を受け，2015年に東京証券取引所が策定した「コーポレート・ガバナンス・コード」（これは，企業管理の仕組みに関する指針を示したものです）においても，基本原則の

Column ④　シェアード・バリューの創造

企業の社会的責任の範囲を広く捉え，社会貢献活動を社会的責任に含めるにしても，それを緩やかな義務である慈善的活動と見なしている限り，企業の取り組みは消極的なものにならざるをえません。なぜなら，社会貢献活動は，企業のイメージアップや宣伝につながらない限りは，企業にとっては費用要因でしかないからです。こうした社会貢献活動の考え方を大きく変える議論が近年，展開されるようになってきています。その一つが，アメリカの経営学者，M. ポーターの提唱する「**シェアード・バリューの創造**」という考え方です（ポーター，クラマー，2011）。

シェアード・バリューの創造というのは，企業と社会によって「共有される価値」（シェアード・バリュー）を企業が創造することによって，企業の利益追求と社会貢献活動を一体化しようとするものです。この考え方によれば，企業は，みずからの事業と密接に関わる社会問題の解決を事業活動と一体のものとして捉え，その解決につながるような製品開発や事業活動に取り組むことが求められます。そうすることによって，企業には利益がもたらされると同時に，社会問題の解決がはかられ，企業は社会貢献を果たすことができるようになります。こうしたシェアード・バリューの創造の具体例として，ハイブリッド車の開発をあげることができます。ハイブリッド車の開発によって，自動車会社は，新たな市場を開拓すると同時に，環境問題という社会問題の解決にも貢献することになります。

このように，企業の社会貢献活動を慈善的活動として捉えるのではなく，事業活動と一体のものとして捉える考え方は，これまで社会貢献活動に後ろ向きであった企業が社会貢献に積極的に取り組む可能性を開くものということができます。

一つとして「株主以外のステークホルダーとの適切な協働」が掲げられ，次のように記載されています。

「上場会社は，会社の持続的な成長と中長期的な企業価値の創出は，従業員，顧客，取引先，債権者，地域社会をはじめとする様々なステークホルダーによるリソースの提供や貢献の結果であることを十分に認識し，これらのステークホルダーとの適切な協働に努めるべきである。取締役会・経営陣は，これらのステークホルダーの権利・立場や健全な事業活動倫理を尊重する企業文化・風土の醸成に向けてリーダーシップを発揮すべきである」（東京証券取引所，2015）。

このように，今日の企業には多様なステークホルダーとの協働や対話が求められています。そして，こうした多様なステークホルダーに対する責任を果たすために，企業は，法令遵守と株主への利益還元だけでなく，さまざまな社会的責任を負っているということができます。

3 企業管理のあり方

企業がみずからの考える社会的責任を経営方針に取り入れ，それを社員に周知徹底し，実行させていくためには，企業管理の仕組みが重要となります。企業不祥事が起きると，よく企業風土に問題があり，「風通しの悪い」組織構造だったとか，「上司に逆らえない」組織であったとかいわれますが，これらは企業管理の仕組みに問題があったということができます。それでは，どのような考え方にもとづいて，企業管理の仕組みを考えていけばよいのでしょうか。

企業管理のあり方をめぐっては，コーポレート・ガバナンス，コンプライアンス，バリュー・シェアリングの３つの考え方があります。それらの考え方は，企業がどれか一つを選んで企業管理に取り組めばよいというようなものではありません。むしろ，企業はそのすべてに取り組んでいくことによって，企業不祥事を起こすことなく，企業に求められるさまざまな社会的責任を果たすことができるようになります。以下では，それぞれの考え方がどのようなものなのか，見ていくことにしましょう。

3.1 コーポレート・ガバナンス

コーポレート・ガバナンス（企業統治）というのは，1970 年代にアメリカにおいて企業不祥事が相次ぎ，株主が多大な損害を被ったことから，株主の利益を守るために生まれてきた考え方です。そのため，コーポレート・ガバナンスにおいては，株主に対する説明責任が果たせるように，企業をしっかりと監督（統治）するということが目指されます。具体的には，株主総会の機能改善，社外取締役の導入，取締役・監査役の権限強化などが求められます。前節で述べたように，日本でも，相次ぐ企業不祥事の原因はコーポレート・ガバナンスに問題があるとの認識にもとづいて，東京証券取引所によって「コーポレート・ガバナンス・コード」が策定され，企業統治改革が進められています。

コーポレート・ガバナンスは，株主の利益を守ることを本来の目的としているため，今回の企業統治改革も株主重視のガバナンス改革として捉える人が多いかもしれません。しかし，前節で述べたように，「コーポレート・ガバナンス・コード」の基本原則の一つとして，「株主以外のステークホルダーとの適切な協働」が組み込まれていることからもわかるように，コーポレート・ガバナンスは，株主の利益のみを考えるのではなく，広くステークホルダーとの関係も考慮するように，その考え方が変わってきているということができます。

3.2 コンプライアンス

コンプライアンスというのは，法令遵守のことですが，これもまた，アメリカにおいて 1960 年代に法令違反する企業が続出したことから生まれてきた考え方です。法令遵守というわけですから，遵守すべき法令（この法令にはすでに述べたように国の法律や自治体の条例だけでなく，ビジネス上のルールも含められます）が企業には与えられています。企業は，この法令を企業の構成員に遵守させるために，行動規範の策定，担当役員や専門部署の設置，社員への教育・訓練の実施などの企業管理の仕組みに関する改革を進めていくことになります。

このように，コンプライアンスは，その名の通り，社会的責任の中でも法的責任に重点を置き，法令違反に問われるような企業不祥事を起こさないことを目指した企業管理の考え方ということができます。

3.3 バリュー・シェアリング

最後に，バリュー・シェアリング（価値共有）は，企業管理のあり方として近年，注目されるようになってきた考え方です。コンプライアンスの場合，企業構成員に法令を守らせることが目指されますが，バリュー・シェアリングでは，企業の構成員全員が，みずからの企業の目指す価値理念を共有し，一丸となってその理念の実現に取り組むことが目指されます。このことを実現するために，具体的には，コンプライアンスであげられた企業管理の改革に加え，価値理念の共有が重要となることから，従業員の参加や自主性の尊重，権限の委譲などが求められます。また，社会的責任との関係でいえば，株主への説明責任や法令遵守にとどまらず，道徳的責任を含め，より広く社会的責任を果たすことが目指されることになります。

● おわりに

今日，企業は，さまざまな活動を通じて社会的責任を果たすように求められています。しかし，企業がどこまで社会的責任を引き受けるべきかに関しては，いろいろな考え方が存在します。企業を株主の所有物と見なす考え方に立てば，法令を遵守しながら株主の利益をはかることが企業の社会的責任とされ，企業経営者は，ストックホルダーを重視した企業経営を行うべきだということになります。一方，企業を社会の一員と見なす立場からは，企業は，ステークホルダーとの関係を重視した経営を行い，法令遵守や株主への責任にとどまらず，道徳的責任を含め，広く社会的責任を果たすべきだということになります。

このように，企業の社会的責任にはそれを狭く捉える考え方と広く捉える考え方がありますが，今日では，後者の考え方が一般に受け入れられるようになってきています。その意味で，今日，企業には，たんに利益を追求するのではなく，まさに「良き企業市民」として，法的責任や経済的責任にとどまらず，道徳的責任をも果たすことが求められています。そして，こうした社会的責任を果たすためにも，企業は，コーポレート・ガバナンス，コンプライアンス，バリュー・シェアリングの考えにもとづいて，企業管理の改革に取り組んでいかなければなりません。

しかし，現実を見れば，企業の社会的責任に積極的に取り組んでいるはずの企業が事件や不祥事を引き起こす事例は，あとを絶ちません。そのため，企業の社会的責任がたんなるお題目にすぎず，企業が本当に社会的責任を持って行動しているのかという疑念も生じてくることになります。しかし，企業の社会的責任への取り組みが今日，日本の企業全体に広がってきているという事実は，企業の社会的責任への取り組みが長期的には企業価値を高め，企業の論理にも合致するという考えが企業に受け入れられてきていることを示しているといえるのではないでしょうか。

第3章

非営利組織はどのような役割を期待されているのか？

東日本大震災後にNPO法人に集まった救援物資を仕分けするボランティアら
(2011年3月19日，写真提供：時事)

● はじめに

前章までは，市場において財・サービスを供給する中心的な存在である企業に焦点を当て，企業の利益追求行動にともなう経済倫理的問題について考えてきました。しかし，財・サービスを生み出しているのは，利益追求を目的とした企業だけではありません。実際，私たちの社会では，民間の（政府や自治体ではない）組織・団体でありながら，利益の追求を目的とせずに財・サービスを生み出すさまざまな組織があります。いわゆる非営利組織（非営利団体）です。NPO（nonprofit organization）という名前の方が，なじみがあるかもしれません。

近年，医療や福祉，教育，まちづくりなど，社会のさまざまな場面で，NPO の役割に対する関心が高まってきています。本章では，NPO とはどのような存在なのか，その活動への注目にはどのような背景があったのか，そして NPO にはどのような役割が期待されているのかを見ることで，これからの NPO のあり方について考えていくことにしましょう。

1 NPO の目的と姿

1.1 「非営利」の意味

NPO（非営利組織）とは，その名前の通り，営利でない組織です。ただし，「非営利」という言葉の意味には注意する必要があります。これは，利益を出すことが禁じられているとか，実際に利益を出していない，という意味ではありません。「非営利」とは，活動から得た利益を特定の関係者（たとえば組織の出資者や役員）の間で分配しない（山分けしない）ことを意味しています。これは**非分配制約**と呼ばれています。したがって NPO であれば，一般の企業のように，利益の大きさに応じて株主に配当を出したり，社員にボーナスを出したりすることはありません。しかし，サービスの提供に対する対価を得て，その結果として利益を出すことそれ自体は，その組織が「非営利」であることと矛盾するものではありません。

たしかに，NPO の活動において，無償のサービスが提供されることはありますし，無報酬のボランティアが活躍する場面も多くあります。けれども，NPO が組織として継続して責任ある活動を行うためには，事務所を借りたり，有給のスタッフを雇ったり，活動に必要な資材を購入したりする費用を賄わなければなりません。また，事業の規模を広げようとするときには，投資するための資金が必要です。そのためには，当然ながら収入を得ることが不可欠です。一般的にNPOの収入源としては，事業から得られる対価収入のほかにも，会員からの会費や，その活動を支持する人びとからの寄付金，自治体や企業などからの助成金・補助金などがあります。これらのさまざまな収入をもとにして，NPOはそれぞれの活動を行っています。非営利であることは，無利益・無報酬，あるいは無償であることを意味するものではありません。

NPOが営利企業と異なるのは，その活動によって得られた利益が誰かの儲けになるのではなく，営利ではない，組織本来の目的のための活動に使われるという点にあります。それでは，「組織本来の目的」とは何でしょうか。利益の追求を目的としないとしても，それぞれのNPOはひとまとまりの組織として活動しているのですから，組織としてなんらかの目的を持っているはずです。ただし，たんに形式的に「非営利」であるというだけであれば，組織の目的は営利以外のどんな目的であってもよいことになります。一般に，私たちがNPOというときには，なんらかの社会的目的，あるいは公益を追求する団体・組織を指しています。それは，組織の内部であれ，外部であれ，特定の誰かの利益を直接に高めようとするのではなく，より広い範囲の人びとにとって課題とされている問題を解決することや，現状では満たされていない社会的ニーズに応えることによって，社会をよりよいものにするという目的です。第2章では，企業が本業である営利活動とともに社会貢献活動に取り組むことの重要性について見てきました。その社会貢献のための活動を本来の目的としている組織が

NPOであるといえます。

じつのところ，NPOの具体的な目的にはさまざまなものがあり，ひとくくりに表現することは大変困難です。活動分野から見ても，福祉や医療，雇用，まちづくり，子育て，芸術，環境，国際協力など，じつに多様な分野にNPOは広がっています。より具体的には，地域の一人暮らし高齢者の見守りサービスを行うものや，商店街の活性化に取り組むもの，障害者の就労を支援するもの，希少生物の保全活動を行うもの，海外の紛争地域で子どもたちの教育を支援するものなど，個々のNPOはそれぞれに独自の目的を持って，それぞれの対象に向けて，それぞれの方法で活動しています。組織の目的がさまざまであるということは，NPOという組織の社会的な意義について具体的に考えるときには，少々やっかいな性質です。現実のNPOに期待される機能は一様なものではなく，それぞれに異なった種類の，異なった程度の機能を持っていると考えられるからです。しかし同時に，この多様性こそが，NPOが社会において広く役割を果たすと期待される理由でもあるのです。

1.2 日本のNPO

日本では，1998年に施行された**特定非営利活動促進法**（NPO法）にもとづいて認証された団体（特定非営利活動法人）を**NPO法人**と呼んでいます。NPOという言葉は，しばしば，このNPO法人を指すものとして用いられることがありますが，上で述べたNPOの性質に当てはまる団体・組織は，実際には，さまざまな姿をとっています。

法人格を持たない任意団体として，非営利な社会貢献活動を継続して行っている市民活動団体やボランティア団体，地域活動団体は数多くあります。また，NPO法人以外の法人でも，公益

（社団・財団）法人，一般（社団・財団）法人，社会福祉法人，学校法人，医療法人，宗教法人などは，それぞれに「非営利」であることが定められている法人です。これらは，広い意味での NPO に含まれるものです。

さらに，たとえば協同組合は，利益を組合員に分配するという点で「非営利」の定義には当てはまりませんが，その中には，組合員の利益だけを目指すのではなく，より広く社会的な課題に向けた活動を行っている団体があります。あるいは，株式会社の形態をとっていても，実態としては，ほぼ非営利であることを原則として社会的な活動に取り組んでいる企業もあります。社会における NPO の意義について考える際には，これらの組織も含めて議論されることがあります。

ここでは，これらの中でもっとも新しい組織の形である，NPO 法人の制度について，簡単に見てみましょう。NPO 法は，一定の要件を満たした団体に対して，都道府県の認証によって NPO 法人という法人格を与えるものです。認証の手続きは，団体からの申請によって開始されます。認証のおもな要件として，①法で定める「特定非営利活動」を主たる目的として事業を行うこと，②不特定かつ多数のものの利益の増進に寄与することを目的とすること，③営利を目的としないこと，④利益が生じたときは，これを特定非営利活動にかかる事業のために使用すること，があげられています。これらは，上で見た NPO 本来の性質に合致するものです。

ここでいう「特定非営利活動」とは，表 3-1 に掲げた 20 分野の活動を指します。これらの活動は相当に幅広い分野にわたっており，かつ，それぞれの活動の具体的内容についても，広く柔軟に解釈されるものとされているため，この活動分野の指定は，NPO 法人の活動内容をことさらに制約するものではありません

表 3-1　NPO 法において定められている「特定非営利活動」の分野，およびその活動分野を定款に記載している法人数（2017 年 9 月 30 日現在）

活動分野	法人数
(1)　保健，医療又は福祉の増進を図る活動	30,377
(2)　社会教育の推進を図る活動	25,037
(3)　まちづくりの推進を図る活動	22,979
(4)　観光の振興を図る活動	2,578
(5)　農山漁村又は中山間地域の振興を図る活動	2,215
(6)　学術，文化，芸術又はスポーツの振興を図る活動	18,544
(7)　環境の保全を図る活動	14,119
(8)　災害救援活動	4,217
(9)　地域安全活動	6,241
(10) 人権の擁護又は平和の推進を図る活動	8,779
(11) 国際協力の活動	9,594
(12) 男女共同参画社会の形成の促進を図る活動	4,830
(13) 子どもの健全育成を図る活動	24,030
(14) 情報化社会の発展を図る活動	5,821
(15) 科学技術の振興を図る活動	2,897
(16) 経済活動の活性化を図る活動	9,237
(17) 職業能力の開発又は雇用機会の拡充を支援する活動	12,973
(18) 消費者の保護を図る活動	3,177
(19) 前各号に掲げる活動を行う団体の運営又は活動に関する連絡，助言又は援助の活動	24,442
(20) 前各号で掲げる活動に準ずる活動として都道府県又は指定都市の条例で定める活動	233

（出所）　特定非営利活動促進法別表（第 2 条関係）および内閣府（2017b）より作成。

（制度の創設当初は 12 分野でしたが，その後の改正とともに拡大し，現在はこの 20 分野が定められています）。

どの分野の活動が多く行われているかという点を見るために，表 3-1 では，それぞれの活動について，その活動を行うことを定款に記載している法人の数をあげています（多くの法人が複数の活動分野を記載しており，表中の法人数の合計は実際の法人数と一致していません)。「保健，医療又は福祉」がもっとも多く，次いで「社会教育」，「子どもの健全育成」となっています。「保健，医療又は福祉」の具体的な活動としては，高齢者介護や障害者福祉などのサービス提供が含まれています。また，「社会教育」としては，高齢者や障害者を含む大人のための生涯教育の場の提供や，学校では学べない知識の提供や体験学習などが行われています。「子どもの健全育成」としては，子育て支援や不登校の子どもに対する取り組みなどがあります。NPO 法人は，これらの特定非営利活動以外の活動についても，「その他の事業」として行うことができます。ただし，前述の認証要件④で定められているように，その事業から生じる利益は，その組織がおもな目的としている特定非営利活動を支えるために用いられる必要があります。

社会貢献活動を行おうとする団体がかならずしも NPO 法人の認証を受けなければならないわけではありません。認証を受けた場合，会計処理や報告書の提出など，NPO 法人としての義務を果たすことが求められます。しかし，法人格を持てば，団体として契約を交わしたり，資産を保有したりできるなど，任意団体ではできなかった活動が可能となり，継続的に事業を行っていく際には多数の利点があります。設立当初は任意団体として数名で小さな活動を行っていた団体でも，活動の継続にしたがって団体の規模や活動の範囲が拡大し，それとともに NPO 法人やその他の法人格を得て，活動をより発展させていくことが期待されます。このように，「ボランティア活動をはじめとする市民が行う自由な社会貢献活動としての特定非営利活動の健全な発展を促進」することが NPO 法の目的です（NPO 法第 1 条）。

図 3-1 では，認証された NPO 法人の数が年度ごとに示されています。1998 年の NPO 法施行以降，NPO 法人は年々増加し，2016 年度末の時点で 5 万団体を超えています。また，NPO 法人の中でも，広く市民からの支援を受け，とくに公益の増進に貢献していると認められた団体には，寄付行為に関する税制上の優遇措置を受けられる認定 NPO 法人制度があり，認定法人数も徐々

図 3-1　NPO 法人数の推移（特定非営利活動法人，認証法人数）

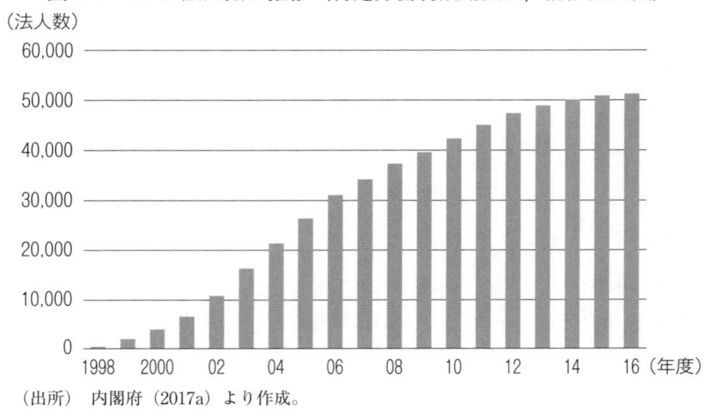

（出所）内閣府（2017a）より作成。

にではありますが，増加しています。NPO 法人の増加につれて，社会における認知度も上がり，NPO 法人格を持つことのメリットもより大きくなっていると考えられます。ただし，NPO 法は，必要な条件を満たしていて，必要な書面を提出すれば，基本的に NPO 法人としての認証を受けることができる制度です。たんに NPO 法人であることがその団体の活動の質や信頼性を保証するものではないことには注意する必要があるでしょう。

1.3　NPO への注目と NPO 法成立の背景

このように，日本では NPO 法の施行にともなって NPO 法人の数が大幅に増え，他の非営利型の法人とともに，さまざまな NPO が多様な分野で活動を行うようになってきています。それでは，こうした NPO の広がりは，なぜもたらされてきたのでしょうか。

その背景としてまず押さえておかなければならないのは，経済社会のあり方が大きく変化してきていることです。序章で見たように，第2次世界大戦後，日本を含め「西側」の国々は，福祉国家体制と呼ばれる経済社会の枠組みを構築してきました。福祉国家体制の下では，人びとの生活の向上や安定をはかるために，政府（または自治体）の積極的な対策が求められ，政府の活動範囲と規模は拡大していくことになります。しかし，1970年代以降，各国で経済成長が鈍化した頃から，そのような政府機能の維持・拡大の限界が徐々に現れ始めました。もっとも大きな問題は，財政の逼迫です。さらに，人口の高齢化や，家族形態の変化，生活の多様化などの環境条件の変化は，とくに社会保障制度の維持をいっそう困難にしました。その結果，それまで政府によって提供されてきた公共・社会サービスに関して，そのニーズの増大と多様化に政府が十分に対応できないという状況が生まれました。こうして，社会問題の解決を政府に委ねようとする経済社会のあり方は，その行き詰まりを明らかにすることになったのです。

それでは，その満たされない社会的ニーズに対して，誰が，そしてどのように対応すべきなのでしょうか。この点に関して，人びとへの福祉供給の全体構想として，供給主体の多様性を重視し，政府と個人との間に，さまざまな中間的な組織を組み込もうとする考え方が広がってきました（この場合の「福祉」は，社会保障の一分野を指す狭い意味ではなく，人びとの幸せ，あるいは暮らしの豊かさ，といった広い意味で用いられています）。そこでは，行政による供給（社会全体での対応）でもなく，また市場を通じた民間営利企業による供給（当事者個人による対応）でもない，第三の経済領域としてのサード・セクターの役割に大きな期待が寄せられています。地域社会やコミュニティなどと並んで，このサード・セクターの代表的主体とされるのがNPOです。こうして，福祉国家体制の行き詰まりを克服しようとする新たな社会モデルにとって，NPOは重要な構成要素として期待を集めるようになりました。

以上のような動きを背景として，日本においては，広く民間の非営利活動を支える新たな制度的基盤が模索されていました。従来の非営利法人制度は，団体の設立や活動分野に関する制約が強く，小規模な市民活動団体にとっては利用しづらいものであったからです。また，1995 年に発生した阪神・淡路大震災では数多くのボランティア団体が活動し，その復興過程において大きな役割を果たしました。このできごとは，社会におけるボランティア団体への社会的な評価を高めると同時に，従来の制度の課題を浮き彫りにすることになりました。これを契機に，そうした非営利の活動を促進するための新たな法人制度が必要であるとの認識が広がり，市民団体と各党の国会議員の協力を経て，NPO 法が成立し，今日のような NPO の広がりがもたらされたということができます。

2 NPO の機能と役割

NPO の広がりは，それだけ私たちが NPO の役割に期待しているということを意味しています。それでは，なぜ私たちは NPO の役割に期待することができるのでしょうか。言い換えれば，財・サービスを生み出す主体として NPO が存在する意義はどこにあるのでしょうか。ここでは，広い意味での NPO に話を戻して，NPO の機能を説明しようとする代表的な理論をいくつか紹介しましょう。

2.1 市場の失敗の補完

1つめの理論は，情報および信頼の不足による問題への対応に関するものです。市場において財・サービスの取引が適切に行われるためには，その財・サービスについて，売り手と買い手の双方が十分な情報を持っている必要があります。しかし，財・サービスの中には，買い手にとって，取引の時点ではその品質などを十分に評価することができない性質を持っているものがあります。このとき，売り手は高品質を装って，質の低いものを販売するかもしれず，買い手は，そのような危険性を抱えたまま取引にのぞまなければなりません。その場合，両者にとって価値あるはずの取引が行われなくなる可能性があります。これは，**情報の非対称性**の問題と呼ばれています。とくに，医療や介護，教育，保育などのサービスについては，サービスの提供が行われたあとであっても，その質を消費者が適切に評価することが容易ではありません。そのため，品質保証やアフターサービスについての取り決めや，性能表示の義務づけなどの規制だけでは，消費者の不安を十分に解消することができません。欠陥品（欠陥サービス）だったことが証明できたとしても，あとで交換するというわけにもいきません。

こうした情報の非対称性の問題をNPOは生じさせにくいと考えられます。なぜなら，**1.1**節で見たように，NPOは，その活動から得た利益を組織のメンバーの間で山分けすることが（法的に，あるいは団体としての取り決めによって）できない組織だからです。組織としての利益追求が制約されているNPOは，みずからが提供するサービスの品質を偽ることによって利益を大きくしようとする非倫理的な行動への誘因が小さく，サービスの質について消費者の信頼を得やすい組織形態であると考えられます。この点で，NPOには市場の失敗を補完する機能が期待されます。

また，財・サービスの生産に補助金や寄付が必要とされる場合，補助金や寄付を出す側（政府や寄付者）がどのような組織を補助対象・寄付対象とするか，という点についても，同様の説明を適用することができます。利益の分配に制約があることによって，営利企業よりもNPOの方が，補助・寄付の目的（一定水準以上の質や量の財・サービスの生産）に反した活動をとる可能性が低いだろう，という期待が持たれやすいのです。

2.2 政府の失敗の補完

NPOの機能を説明する2つめの理論は，公共財的な性質を持つ財・サービスの供給において，政府による供給が十分に機能しない場合への対応としての説明です。詳しくは第7章で説明しますが，公共財的な性質を持った（つまり，複数の人が同時に使うことができ，かつ，対価を支払わない人には使わせないことができないような）財・サービスは，市場では適切に供給することができません。その財・サービスが社会的に必要であると認められれば，その供給は公的主体が担うことになります。その際，政府によって供給される財・サービスの量と質は，多くの場合，平均的な（あるいは中間的な）消費者の需要を満たすような水準に決定されるでしょう。

しかし，その財・サービスについて，平均的な消費者のニーズとは大きく異なる量や質を必要としている一部の消費者にとって，あるいは，あるサービスに対する人びとのニーズが非常に多様であるような場合，公的な供給体制によってそれらのニーズを十分に満たすことは困難です。公的機関が一元的に供給する場合，その量や質が画一的・非弾力的になるのはある程度やむをえないからです。

この場合，公的供給では満たされないニーズを持った人びと自身によって，あるいはかれらのニーズを把握可能な人びとによって，その財・サービスの供給を行う組織がつくられるならば，そのような組織は，このニーズの多様性という問題を解決する供給主体になるかもしれません。営利企業が市場を通じて公共財的性質を持つ財を供給するのは困難ですから，そのような供給主体は非営利の団体として組織され，メンバー相互の費用拠出や，政府からの補助金，民間からの寄付などによって活動することになると考えられます。この公共財的なサービス，ニーズの多様性への対応という点で，NPO には公的供給の不完全性（政府の失敗）を補完する役割が期待されるのです。

2.3 参加とネットワーク

3つめの理論は，消費者（サービスの利用者）をはじめとした関係者による，組織の意思決定に対する参加・監視という点に注目するものです。NPO は利益のみに関心を持って運営される組織ではありませんから，消費者やサービス利用者などによる組織運営への参加を可能にしやすい組織形態であると考えられます。市場の失敗の問題や政府の失敗の問題に対して，それらの財・サービスを実際に必要としている人びとが，その生産活動に直接的に関わったり，あるいは団体の活動を監督する立場に加わったりする仕組みをつくることは，問題解決の一つの有効な手段となるでしょう。

実際，サービスの利用者自身やその家族，あるいは潜在的な利用者が，組織のメンバーとして，またボランティアとして，サービス提供に関わっているような NPO は少なくありません。とくに，相互扶助的な性格を持った小規模な組織は，この傾向を強く持っています。組織の利益ではなく，そこで生み出されるサービスの量や質そのものに関心を持っている人びとが組織運営に関与しやすいという点は，NPO の機能にとって重要な特質であると考えられます。

また，社会的なサービスの提供や社会問題の解決への取り組み

Column ⑤　中間支援組織

NPO の設立や運営を支援する団体は**中間支援組織**（intermediary）と呼ばれています。NPO と資金や人材，NPO と行政，NPO とニーズの間に立ち，その媒介（intermediary）となる役割を担っています。多くの NPO は小規模な市民活動から始まっており，活動基盤の確立や運営のために必要なさまざまな資源へのアクセスは十分ではありません。また組織運営のノウハウや経験が十分でないことも多くあります。これらの問題を抱える NPO に対して，仲介役となって手助けし，助言を行う中間支援団体は，NPO を含むサード・セクターにとって重要な構成要素になっています。

実際，全国のそれぞれの地域で中間支援組織が活動しており，これまでに多くの NPO が中間支援組織の支援を受けて設立されています。また，中間支援組織が NPO どうしをつないで，共通の課題への取り組みを促進したり，NPO 間のネットワーク形成を促したりするなどの活動も行われています。中間支援組織自体も多くの場合 NPO であることから，「NPO を支援する NPO」といった言い方をされることもあります。

においては，活動の主体，活動に必要な資源・情報を持っている人，サービスの利用者，潜在的なニーズ・問題を抱えている人などをつなぐネットワークの存在が重要です。NPO の活動や組織運営にさまざまな立場の人びとが参加することは，その NPO を含む地域社会・コミュニティにおけるネットワークの広がりと深化に寄与することが期待できます。

3　NPO の課題

これまで見てきたのは，おもに，NPO に「期待」することができる機能でした。ただ，現実にその機能がどれだけ実現されているのかとなると，それはまた別の問題であるといわざるをえません。NPO全体についても，また個々のNPOについても，その活動の成果を評価する視点は欠くことができません。NPOに関わる制度・政策を考えるとき，あるいは，行政がNPOに助成金を支出しようとするとき，サービスの利用者としてNPOを選択するとき，NPOに寄付金を出そうとするときなど，いずれの場合も，そのNPOがそれに値する活動を行う能力があるのか，そして，これまでにどのような成果をあげてきたのかを知る必要があるでしょう。

非営利であるからといって，それがただちに期待される成果の実現を確約するものではありませんし，また，倫理的行動を保証するわけでもありません。利益の分配が制限されているということが，消費者や寄付者からの信頼に直接に結びつくと考えるのは，少々楽観的すぎる期待です。実際，この利益分配に対する制約は完全とはいえず，組織関係者が個人的・集団的な金銭的・物的利益の追求をはかる可能性がまったくないわけではありません。これは本書を通じて指摘されるところですが，倫理的行動を制度的に保証すること，あるいは非倫理的行動を確実に防止することは，大変難しい課題です。だからこそ，NPOそれぞれの活動を組織外部から評価することは，NPO全体の発展にとって，きわめて重要な課題となってきます。

NPOの側としても，自身の活動の成果を正しく評価してもらうことは，将来の運営に必要な資金や人材の確保にとって非常に重要です。そのため，多くのNPOがホームページやパンフレットなどで自分たちの活動について紹介したり，みずからの活動を検証し，活動成果に関する報告書を作成したりするなどの活動を行っています。

しかし，NPOの活動成果を客観的に評価することは簡単なことではありません。活動分野が異なる複数の NPO の成果を比較することを考えてみれば想像がつくでしょう。たとえば，高齢者の見守り活動の成果と，紛争地域での地雷除去活動の成果を比較してみてください。それぞれが社会的に価値のある活動であり，その相対的な大きさを測る基準をつくることは困難です。たとえ同じ活動分野であっても，それぞれの NPO の活動内容や対象はきわめて多様であり，共通の評価基準を一様に当てはめることには，多くの場合，不都合が生じます。他方，営利活動を評価しようとする場合には，たとえば，自動車メーカーの成果とインターネット通販会社の成果を比較することはある程度可能です。営利企業の成果は，その利益の大きさで測ることができるからです。さらに私たちは，その事業の詳細や利益構造，利益の将来予想などに関しても，多くの人びとによる評価結果が集約されたものとして，株価という指標を利用することができます。

NPO の活動を一般的・客観的に評価することが難しい理由の一つは，活動目的の多様性と複合性です。どんな種類の，どんな質の財・サービスを，どんな人びとに対して提供すべきであると考えているのか。それらは個々の組織によって，あるいはさらに，一つの組織内部のメンバー間でもさまざまである可能性があります。活動目的の中には，当事者以外の者が観察したり，誰もが同意する評価を下したりすることが難しいものも含まれているでしょう。人と人とのふれあいや，社会的正義といった目的です。またさらに，組織本来の目的だけに関心を向け，活動の費用面についての考慮がおろそかになることはけっして望ましいことではありません。そのため，実際の非営利組織は，経済的効率性を含めた，さまざまな目的を複合的に持ちあわせていると考えられます。

社会的に価値のあるさまざまな非営利活動に対し，資金や人材といった限られた資源をどのような方法で配分するかという問題に関して，NPO は，客観的評価という点でたしかに課題を抱えています。しかし同時に，この弱みは，活動の成果や意味を一つの尺度ではなく，多様な観点から評価しうるという点で，ある種の強みでもあると捉えることができます。なぜなら，他のさまざまな手段（行政施策や市場取引を含む）では解決できていない問題，あるいは満たされていないニーズに対して，その実情に考慮しつつ，それぞれの問題に寄り添いながら個別に対応することこそが，NPO の存在意義の一つであるからです。

● おわりに

本章で見たように，今日，じつに多数の NPO が設立され，さまざまな分野において多様な活動を行っています。それらの NPO には，市場の失敗や政府の失敗を補完し，さまざまな社会的課題の解決に取り組むことがその役割として期待されています。しかし，その解決されるべき社会的課題は無数にあります。それらの課題解決に向けた活動それぞれが，NPO によって完結されなければならない理由はありません。多様な課題に対しては，多様な主体が多様な方法で取り組むことが理にかなっているともいえます。NPO は，その発展過程のゆえに，多くの場合，行政との協力関係を保持しています。また近年では，第 2 章で見た CSR への意識の高まりを背景に，NPO と企業との連携（パートナーシップ）による課題解決への取り組みが注目を集めています。今後いっそう，NPO，行政，企業，そして社会的課題に関心を持つ個々人が連携し，協力するためのネットワークの形成が期待されるところです。

NPO の設立や活動それ自体，あるいは NPO の活動成果の評価，また資金や人材の投入に際して必要とされるのは，個々の人びとの具体的な社会問題への関心と意識です。非営利性という NPO

の組織特性は，結局のところ，広く個々人の意識に支えられて成立していると考えられます。つまり，NPO の役割への期待は，私たち一人ひとりのよりよい社会に向けたまなざし，あるいは社会のあり方に関する倫理観への期待でもあるといえるのではないでしょうか。

第**4**章

企業にとって労働者は どのような存在なのか？

「派遣切り」などの問題で抗議の声を上げる労組関係者ら
（2009年1月，写真提供：時事）

● はじめに

近年，働き方改革の推進が政府の取り組むべき最重要の政策課題の一つとなってきています。政府が本格的に働き方改革に取り組もうとしているのは，非正規雇用の問題や長時間労働による過労死・過労自殺など，政府として見過ごすことのできない深刻な社会問題が，労働をめぐって生じてきているからです。本章と次章では，この労働をめぐる問題に焦点を当て，経済倫理の視点から労働のあり方について考えていきたいと思います。

本章ではまず，労働をめぐって現実にどのような問題が生じてきたのかを振り返ることにします。そのうえで，労働の買い手である企業の側に焦点を当て，企業にとって労働者がどのような存在なのかを検討することによって，企業が労働者をどのように取り扱うべきなのかを考えていくことにしましょう。

1 労働をめぐる現実の問題

1.1 日本の労働市場の変化

近年の労働をめぐる問題は，日本の労働市場の特徴が時代の流れの中で大きく変化してきたことによってもたらされてきたということができます。そこで，まずは日本の労働市場にどのような変化が生じてきたのかを見ていくことにしましょう。

伝統的に日本の労働市場には，いくつかの大きな特徴が存在してきました。まず，日本では，若者が学校を卒業してすぐに正社員として雇用される形態が就業の中心となってきました。また，**終身雇用**といわれるように，正社員として企業に雇用された若者は，定年までその企業との間で雇用関係を維持されてきました。この長期的な雇用関係を前提に，若者は，**企業内訓練**を通じて各企業に固有の知識や技能を身につけることができ，その身につけた知識や技能にもとづいて，かれらの賃金は，企業内で勤続を重ねるにつれ上昇する**年功賃金**の傾向を持っていました。

このような日本の労働市場の特徴は，高度経済成長の終焉とともに変化し始め，その後のバブル経済の崩壊と経済のグローバル化の進展によって，1990年代以降，大きく変わっていくことになります。まず，多くの企業が，事業再構築の一環として，希望退職，解雇，採用削減などを通じて，正社員の雇用削減に踏み切

図 4-1　非正規労働者の割合の推移

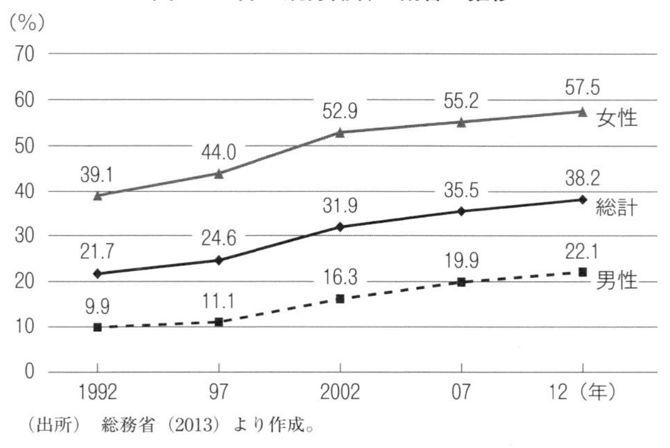

（出所）総務省（2013）より作成。

るようになります。とくに新卒採用の削減は，就職氷河期といわれたように，**フリーター**（パートやアルバイトで生活をしている若者）や**ニート**（就職せず，学校にも職業訓練にも行かない未婚の若者）の若者の増加をもたらしました。

正社員の数がこのようにして抑制される一方で，パートタイムやアルバイト，契約社員（有期限契約の社員），派遣社員（派遣会社から派遣される社員）といった，いわゆる**非正規労働者**の数は，しだいに増加していくことになります。図 4-1 は，企業などに雇用されている労働者に占める非正規労働者の割合の推移を示したものです。非正規労働者の割合は，現在では全体の 4 割近くを占め，男性でも 2 割を超え，女性の場合には約 6 割にまで増加してきています。

こうした正社員から非正社員への転換とともに，年功賃金の見直しを行う企業も増えてきています。年功賃金の場合，賃金は勤続年数に応じて引き上げられますので，賃金と個々の社員の能力や業績との関係がかならずしも明確ではありません。そのため，年功賃金は，不合理で労働インセンティブにも欠けると考えられるようになり，それに代わって個々の社員の能力や業績に応じて賃金を支払う，いわゆる**成果主義**の考えが導入されるようになってきています。

以上のように，日本の労働市場の特徴は，1990年代以降，大きく変化してきたということができます。そして，それにともなって，労働をめぐるさまざまな問題が出現し，社会問題化するようになってきています。以下では，2000年代以降にとりわけ大きな社会問題として取り上げられた2つの問題を紹介することにしましょう。なお，格差をめぐる問題についてはここでは触れず，第8章で取り上げます。

1.2 派遣切り問題

2008年にアメリカの大手証券会社，リーマン・ブラザーズが経営破綻したことをきっかけに世界的な金融危機，いわゆるリーマン・ショックが発生しました。これにより，日本経済も急速に悪化し，その結果，自動車産業や家電産業を中心に，非正規労働者の大量解雇の問題が引き起こされました。これがいわゆる「派遣切り」と呼ばれている問題です。厚生労働省の集計によると，2008年10月～2009年12月に，雇い止めなどにより失職した非正規労働者の数は24万人を超え，うち約6割が派遣社員とされています（厚生労働省，2009b）。また，内定取り消しの問題も大きな社会問題になり，これも厚生労働省の集計では，同時期に2000人を超える高校生や大学生などが内定取り消しになりました（厚生労働省，2009a）。

非正規労働者を解雇することそれ自体は，違法なわけではありません。企業が不況を乗り切るためには，雇用の調整を行う必要があります。しかし，その一方で，解雇された労働者は，生活に困窮し，果ては路上生活を強いられるといったことにもなります。実際，2008 年の暮れには正月を迎えることのできない人たちに炊き出しをする「年越し派遣村」も開設されました。また，次の就職先も決まらないうちに，解雇者へ寮や社宅から即刻の退去命令を出す企業の態度にも大変な非難が向けられました。

こうした派遣切りの問題に対しては，企業が法令を遵守して行動している以上，それ以上のモラルを企業に求めることはできないという考えもあるでしょう。しかし，第 2 章で述べたように，企業は，法令を遵守すればそれでよいというわけではありません。企業には雇用を確保し，労働者の人権に配慮するといったさまざまな社会的責任が同時に求められます。そのため，非正規労働者の解雇は違法ではないとはいえ，経済倫理の観点からいえば，問題のないものとはいえません。この派遣切りが大きな社会問題として騒がれたのも，非正規労働者を雇用調整しやすい安価な労働力としてしか見なさない企業側の態度にその大きな原因があったということができます。

1.3 長時間労働と過労死・過労自殺

近年，過酷な労働を労働者に強いる「ブラック企業」が問題になってきています。とりわけ，2016 年には長時間にわたる過重な労働とそれを原因とする過労死や過労自殺が重大な社会問題として取り上げられるようになりました。中でも，大手広告代理店の電通で働いていた新人女性社員が違法な長時間労働によって自殺した事件は，社会的に大きな関心を集めました。

このような長時間労働の問題は，なにも電通に限られるわけではありません。日本では多くの企業において長時間労働が行われています。その実態について簡単に押さえておくことにしましょう。

日本では，労働基準法によって，**法定労働時間**は「1日8時間，週40時間」と規制されています。しかし，いわゆる**36（サブロク）協定**を結べば，その規制を超える長時間労働が許されています。36協定というのは，労働基準法第36条の規定にもとづくもので，労使協定を結び労働基準監督署に届け出れば，先の法定労働時間を超えた労働が可能となるというものです。ただし，その場合でも労働時間の延長は，1か月45時間，1年間360時間が限度とされていますが，特別の事情がある場合には例外的取り扱いとしてそれを超える延長も可能となっています（これを特別条項付き36協定といいます）。そのため，この特別条項付き36協定を結ぶことで，日本では多くの企業において長時間労働が行われるようになっています。

内閣府の2017年度の『年次経済財政報告』によれば，正社員に占める長時間労働者の割合は経済状況の変化などによって変動するものの，近年では正社員の約10%が月40〜79時間の残業を行っています（内閣府，2017）。また，約1%の正社員の残業時間は，過労死のリスクが高まるとされる月80時間を超えています。

このように，多くの労働者が長時間労働を行っていますが，それだけでなく，こうした長時間労働が違法な形で行われる事例もあとを絶ちません。実際，厚生労働省が2016年4月〜2017年3月に長時間労働が疑われる事業場に対して行った監督指導結果によれば，全体の66%で法令違反が確認されています（厚生労働省，2017b）。具体的には，「違法な時間外労働」，「賃金不払い残業」，「過重労働による健康障害防止措置未実施」などの違反行為が行われています。

このように，ときには違法な形で行われる長時間労働は，**過労死や過労自殺**をもたらすことにつながります。過労死や過労自殺は，過労が原因となって引き起こされる死亡や自殺のことですが，

図 4-2　労災支給決定件数の推移

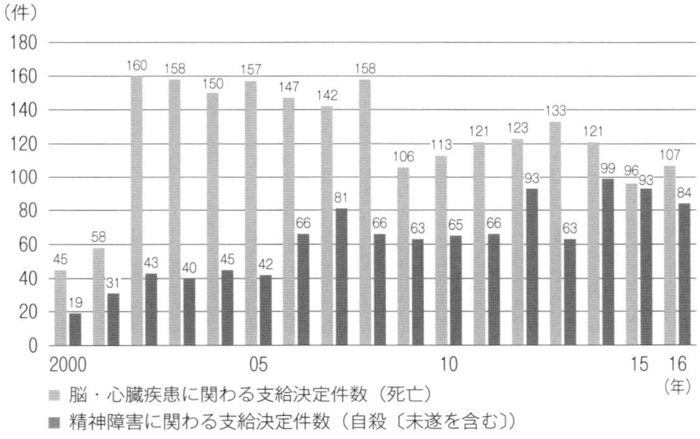

（出所）　厚生労働省（2017a）より作成。

より正確には過労により脳・心臓疾患を発症し死亡した場合を過労死，過労により精神障害を発症し自殺した場合を過労自殺といいます。

労働者が過労死や過労自殺した場合，遺族は，社会保険である労災保険からの給付を受けることができますが，そのためには申請をしたうえで，労災認定（仕事が原因であるとの認定）を受ける必要があります。図 4-2 は，労災認定を受けた過労死と過労自殺の件数の推移を示しています。過労死に関しては，2000 年代に比べると少しは減ったとはいえ，それでも年間 100 人前後の人が過労死しています。また，過労自殺に関しては，少しずつ増えてきており，年間 90 人程度の数になってきています。ただし，これらの数値は，遺族が労災申請し，支給決定にいたったケースのみの数値ですから，実際には過労が原因と考えられる死や自殺の数は，もっと多くなると思われます。

2 企業にとって労働者とは？

2.1 生産手段としての労働者

前節では，「派遣切り」と「長時間労働」という2000年代以降に重大な社会問題として取り上げられた2つの問題を見てきました。それでは，これらの問題は，経済倫理の観点からはどのように捉えることができるでしょうか。ここで問われてくるのが，企業にとって労働者はどのような存在なのか，ということです。第1章で説明したように，企業は営利組織ですから，基本的に費用・便益計算にもとづいて行動しています。この費用・便益計算のうえでは，労働者は，土地や原材料，機械設備などと同じように，費用のかかる生産手段の一つでしかありません。

しかし，労働者が費用のかかる生産手段の一つにすぎないとすれば，労働者は，生産手段として一定の生産性を持ち，企業に利益をもたらす限り必要とされますが，そうでなければ，労働者は不要な存在ということになります。したがって，企業にとって，同じ機能のパソコンであればどのパソコンでも構わないのと同じように，同じ生産性を持った労働者であれば誰でもよく，また，老朽化し使い物にならなくなった機械が廃棄されるように，もはや企業の利益にならないと判断された労働者は，企業にとっては不要なものとして解雇されることになります。アメリカに比べ解雇規制が厳しく，解雇しにくい状況にある日本において，企業が解雇規制の緩和を強く求めている理由は，ここにあります。

また，企業にとっては，費用はできる限り小さい方が望ましいわけですから，企業は，正規雇用から非正規雇用への転換や，ときには賃金不払い残業のような違法な手段を通じて，できる限り人件費を抑えていこうとする傾向を持つことになります。先に見たように，バブル経済の崩壊以降の経済の停滞や経済のグローバル化の進展は，企業のこうした傾向をいっそう推し進めたということができます。

2.2 人間としての労働者

企業が労働者を生産手段の一つとしてしか見ないということは，労働者を土地や機械設備と同じ存在として，いわばたんなるモノとしてしか取り扱っていないことになります。たしかに，労働者が生産手段の一つであることに間違いはありません。しかし，労働者は，土地や機械設備とは決定的に違う点があります。それは，労働者が人間であり，労働は，人間が行っているものだということです。それでは，人間とはどのような存在なのでしょうか。

この問題を考えるうえで，倫理学の義務論という考え方において，重要な視点が提起されています。**義務論**というのは，行為の結果に関係なく，人間には守らなければならない義務があり，その義務にしたがって行為することが倫理的に望ましいという考え方です。その代表的論者が，ドイツの哲学者，I. カントです。かれは，人間がどのような存在なのかという問題に関して，次のように述べています。

「すべてのものは，価格をもつか，それとも尊厳をもつか，そのいずれかである。価格をもつものは，何か別の等価物で代替できる。ところが，それとは逆に，一切の価格を超越した崇高なものは，したがっていかなる等価物も許さないものは，尊厳をもつ」（カント，2000，74 ページ）。

少しわかりにくい表現かもしれませんが，カントによれば，たんなるモノは，別の等価物と代替可能な「価格をもつ」ものということができます。労働者も労働市場において賃金という価格を持っていますので，労働者もまた「価格をもつ」ものとして，モノ，つまり生産手段という側面を有しています。しかし，労働者は，生産手段にすぎない存在などではなく，人間としていかなる等価物も許さない「尊厳をもつ」存在であることを忘れてはなりません。よく人格という表現が用いられますが，人格というのは，人間の持つこの尊厳性を表す言葉です。したがって，人格たる人間の尊厳を踏みにじる行為は，たとえ法に違反していなくても，経済倫理的にはけっして許されるものではありません。このことを，カントは，これもわかりにくい表現ですが，人間が絶対に守らなければならない義務として，次のように定式化しています。

「自分の人格のうちにも他の誰もの人格のうちにもある人間性を，自分がいつでも同時に目的として必要とし，決してただ手段としてだけ必要としないように，行為しなさい」(カント，2000，65ページ)。

この言葉でカントがいっているのは，他人をみずからの利益を実現するための手段，つまりモノとしてのみ扱ってはならず，同時に目的として，すなわち自分と同じように尊厳を有した存在として扱いなさいということです。ここで注意してほしいのは，カントは他人を手段として扱うことを禁止しているのではないということです。かれがいっているのは，他人を手段としてのみ扱うことを禁止しているということです。

労働者が，企業にとって生産手段の一つであることはたしかなことです。そのため，労働者が企業にとって手段としての側面を有していることは，間違いがありません。しかし，労働者を手段としてのみ扱うことは，許されることではありません。労働者は，企業にとっての生産手段である以上に，人間として尊厳を有した存在です。そうである以上，企業は，労働者を生産手段としてのみ扱うのではなく，同時に，人間としての尊厳を有した存在とし

Column ⑥　カントの義務論――定言命法と仮言命法

序章において，倫理は「～しなさい・～してはならない」という表現でなんらかの行為を命令するものだということを説明しました。カントによれば，この命令には**定言命法**と**仮言命法**の２種類のものがあります。定言命法とは，なんの条件もなしに行われる命令のことを意味し，仮言命法とは一定の条件つきの命令のことを意味します。たとえば，「他人のものを盗んではならない」という命令を考えてみましょう。この場合，「盗みは絶対に悪いことだから盗んではならない」というのが定言命法です（本文で述べた，労働者の尊厳を尊重せよというのも定言命法です）。これに対し，「刑務所に入りたくなかったら，盗んではならない」というのが仮言命法です。仮言命法の場合，重要なのは「刑務所に入らない」という条件の方であって，「盗んではならない」という倫理的命令は，その条件を実現するための手段にすぎません。そのため，カントは，仮言命法ではなく，定言命法にしたがうことが，本当の意味での倫理的義務だと主張します。

第１章において，経済倫理を遵守することが，長期的には企業の利益につながるという考え方を紹介しました。しかし，この考えでは，企業は，「長期的な利益をあげたかったら，経済倫理を遵守しなさい」という仮言命法にしたがっているにすぎません。そのため，この仮言命法にしたがうことで，結果的に経済倫理が遵守されるとしても，それは，カントにいわせれば，けっして倫理的に正しい行為ではありません。このことからわかるように，カントの義務論は，結果がよければそれでよいという考え方（倫理学で帰結主義といいます）とは明確に異なる考え方だということができます。

ても取り扱わなければなりません。企業に**人権の尊重**が求められてくるのもそのためです。前節で「派遣切り」と「長時間労働」の問題を取り上げましたが，それらが重大な社会問題とされたのも，企業が労働者の尊厳を無視し，かれらを手段あるいはモノとしてしか扱おうとしなかったことに，根本的な原因があるといえるのではないでしょうか。

3 企業の変化

労働に関わるさまざまな問題が社会問題化する中で，政府もその対策に乗り出しています。2014年には過労死等防止対策推進法が制定され，また，近年の働き方改革の中では，非正規雇用から正規雇用への転換を進めた企業に補助金を支給したり，長時間労働を是正するための監督の強化を行ったり，さらには2017年に政・労・使による協議を通じて，残業規制に関する合意が労使間で結ばれたことを受け，残業時間の規定に関する労働基準法の改正に着手したりといったさまざまな対策が実施されてきています。

こうした政府の取り組みもあり，企業の側にも，労働環境の改善を積極的に推進していこうとする動きが広がってきています。とりわけ，長時間労働に関しては，電通の事件をきっかけに深刻な社会問題として取り上げられたことから，企業による取り組みが急速に進展してきています。日本経済新聞社が2016年11月に国内主要企業100社を対象に行ったアンケート調査によれば，長時間労働の是正に着手した企業は76.7%に達し，「是正を検討」，「すでに是正した」を合わせると96.5%と（『日本経済新聞』，2016），ほぼすべての企業においてなんらかの形で長時間労働に対する対策が進められてきていることがわかります。具体的には，「管理職の意識改革」，「ノー残業デーの設定」，「サービス残業の撤廃」，「残業の事前許可制の導入・徹底」などが多くの企業において行われるようになってきています。また，近年，注目されてきている**勤務間インターバル制度**の導入に取り組む企業も現れてきています。これは，EU（欧州連合）で取り入れられている制度で，従業員が退社してから翌日の出社までに一定時間を空けるというものです。

このように，これまで日本の企業文化ともいわれてきた長時間労働の是正に取り組もうとする動きが，企業の側に広がってきています。こうした企業の側の変化は，長時間労働が社会問題化したことをきっかけとしているとはいえ，長時間労働の是正が企業にとっても利益になると考えられるようになったことで，もたらされてきたということができます。まず，企業にとっては，労働者に過酷な労働を課す「ブラック企業」というレッテルが貼られると，消費者の信頼を失うだけでなく，正規であれ非正規であれ，働き手の確保が難しくなります。また，長時間労働によって労働者が心身の健康を損なうようなことになれば，結果的に労働者の生産性が低下します。それは企業にとっても望ましいことではありません。さらに，これは働く労働者側にも問題があるといえますが，残業手当を多く得るために労働時間をわざと伸ばすといった非効率な労働環境を見直し，より効率的な労働環境に変えるといったことも期待されます。

このように企業にとっては，長時間労働の是正に取り組むことが，短期的には費用の増大につながるとしても，長期的に見れば，働く人たちの働く意欲や能力の改善をもたらし，生産性の向上や企業の成長につながると考えられるようになってきています。もちろん，そこでは労働者の尊厳の尊重という倫理的観点からというよりは，企業の論理に合致するからという理由が大きいといえます。しかしそれでも，企業みずからが長時間労働を是正し，労働環境の改善に積極的に取り組んでいくとすれば，それは望ましい方向にあるということができるでしょう。

Column ⑦　ハラスメントおよびLGBTへの対応

今日，企業には労働者や従業員の尊厳を尊重し，かれらの人権に十分に配慮することが強く求められています。そのため，パワー・ハラスメントやセクシュアル・ハラスメントなどのハラスメント防止に取り組む企業も増えてきています。しかし，その取り組みは，まだまだ十分なものとはいえません。たとえば，厚生労働省の2016年の調査によれば，パワー・ハラスメントの予防・解決に向けた取り組みを実施している企業は52.2%にとどまり，また，従業員の32.5%が過去3年間にパワー・ハラスメントを受けたことがあると回答しています（厚生労働省，2016)。セクシュアル・ハラスメントに関しても，労働政策研究・研修機構の2015年の調査によれば，セクシュアル・ハラスメントの防止のための対策に取り組んでいる企業は59.2%，セクシュアル・ハラスメントを経験した労働者は28.7%となっています（労働政策研究・研修機構，2016)。

このようにハラスメントに対する対策や取り組みは，今後も，さらに進めていく必要がありますが，それに加えて必要とされるのが，LGBTに対する取り組みです。LGBTというのは，レズビアン（女性同性愛者)，ゲイ（男性同性愛者)，バイセクシュアル（両性愛者)，トランスジェンダー（体の性と心の性が一致しない人）の略語です。LGBTに関しては，2015年11月から東京都渋谷区で同性のパートナーに対し，「パートナーシップ証明書」が発行され，その後，他の自治体でも証明書が発行されるようになってきたことなどから，企業の側においても，LGBTの人たちの働きやすい職場づくりへの取り組みが始まってきています。具体的な取り組みとしては，社内規定へのLGBT対応の明文化，LGBT専用の相談窓口の設置，同性パートナーへの福利厚生対象の拡大，「アライ」(LGBTの理解者・支援者）を増やす取り組みなどがあげられます。

● おわりに

1990年代以降の労働市場の変化とともに，非正規雇用の問題や長時間労働による過労死・過労自殺など，労働をめぐって深刻な社会問題が生じてきました。これらの問題の背後には，労働者を生産手段の一つ，すなわちモノとしか見なさない企業の態度があったということができます。しかし労働者は，生産手段にすぎない存在などではなく，人間としての尊厳を有した存在です。そのため，企業には労働者を生産手段としてのみ扱うのではなく，同時に，労働者の人権に配慮し，かれらの人間としての尊厳を尊重することが強く求められます。近年の労働をめぐるさまざまな問題の深刻化を受け，企業の側にも変化が生じてきています。とりわけ，長時間労働に対する取り組みは，ほとんどの企業においてなんらかの対策がとられるようになってきています。もちろん，こうした企業の側の変化がもたらされてきたのは，労働者の尊厳の尊重という倫理的観点よりは，労働環境の改善が企業の利益にもつながるという考えが受け入れられてきたことが大きいといえます。また，労働環境の改善が進んできたとはいえ，その取り組みは，いまだ十分なものということはできません。とりわけ，長時間労働を容認する企業文化は，日本の企業に深く根ざしており，こうした取り組みが本当に実を結ぶものとなるかは，今後の動きを見ていく必要があるでしょう。

第5章

労働者にとって労働はどれほど大切なものなのか？

オフィスでの労働とボランティア

● はじめに

前章において，長時間労働の問題を見てきましたが，この問題の原因は，企業の側にのみあるわけではありません。ときに皮肉をこめて「仕事人間」や「会社人間」といわれるように，長時間労働をむしろ美徳と捉える働く人の側の意識にも問題があったということができます。長時間労働が日本の企業文化だといわれるのも，働くことがとにかく望ましいという考え方が働く人たちの心に根づいているからにほかなりません。

この長時間労働の問題からもわかるように，これまでの日本社会は，労働の価値を極端に重視する社会，いわゆる**労働社会**であったということができます。しかし，労働者にとって，労働とは過労死や過労自殺をするほどにまで大切なものなのでしょうか。本章では，こうした労働の価値をめぐる問題に答えるために，労働者の視点に立って，労働のあり方について考えていきたいと思います。そのために，以下ではまず，労働社会がどのようなものなのか，また，労働社会の下でどのような問題が生じてきたのかを説明します。そしてそのうえで，労働社会からの転換が進む現代社会において，どのような労働のあり方が求められているのかを見ていくことにしましょう。

1 労働社会とは何か？

1.1 労働社会と労働中心主義

これまで労働についてきちんとした定義をせずにすませてきましたが，労働社会の問題を考えていくために，まずは労働とは何かを押さえておくことにしましょう。

みなさんが労働をするのは，おそらくみなさん自身やみなさんの家族が生活していくのに必要な手段を手に入れるためではないでしょうか。現在の市場経済の下では，賃金や所得を獲得しなければ生活手段を得ることはできませんから，みなさんが労働をするのは，直接的には賃金や所得を獲得するためということができます。また，みなさんが賃金や所得を得ることができるのは，市場で評価される財・サービス，したがって経済的に価値のある財・サービスの生産活動に携わることができるからです。これらのことを考慮して労働を定義するとすれば，**労働**とは，賃金や所得を得るためになされる財・サービスの生産活動，端的にいえば，稼得活動ということができます。労働については，さまざまな定義や考え方がありますが，ここでは，このように定義しておくことにしましょう。

現代社会の大きな特徴の一つは，いま定義した稼得活動としての労働とそれ以外の活動とが時間的にも空間的にも分断されていることにあります。働く多くの人びとが，自分や家族の生活領域から離れた場所（企業や工場）で，一定の時間を労働時間として拘束されながら働いています。労働以外の活動は，労働が行われる場所とは異なった空間で，残された時間に行われます。労働が行われる世界を**労働世界**，労働以外の日々の生活が行われる世界を**生活世界**と呼べば，現代社会は，労働世界と生活世界が切り離され，分断された社会ということができます。しかも，現代社会においては，たんに労働世界と生活世界とが切り離されているだけでなく，人びとが睡眠時間を除く一日の生活の大半を労働に費やし，人生の多くの時間を労働活動に当てなければならない労働世界を中心とした社会になっています。こうした労働世界を中心とした社会が，「労働社会」といわれているものです。

この労働社会においては，**労働中心主義**といわれるように，労働がもっとも価値あるものと見なされ，人間の価値も労働によって決定されると考えられるようになります。そのため，勤勉に働く人は，人びとから尊敬されますが，怠けて働かないような人は，堕落した人間として非難の対象となります。長時間労働が美徳として考えられるようになるのも，そのためです。

しかし，労働がこのようにもっとも価値あるものと見なされるようになると，労働以外の活動は，労働よりも劣ったものと位置づけられるようにならざるをえません。自由時間になされる遊びや娯楽はもちろんのこと，家事や地域活動，ボランティア活動といったさまざまな活動もまた，労働よりも価値の低いもの，あるいは労働の助けとなる限りで価値を持つものと見なされることになります。その意味で，労働社会は，労働と労働以外の活動との間に価値的な差異が存在する社会です。日本では，こうした労働中心的な価値観が伝統的に強いとされますが，労働以外の自由な活動に当てられる時間を「余暇」，すなわち余った時間という言葉で表現することにも，その価値観が表れているということができます。

1.2 労働の価値

このように，現代の労働社会においては，労働がもっとも価値あるものと見なされます。しかし，そもそも労働は，どのような意味で価値のあるものなのでしょうか。まず，労働は，経済的な意味において価値があります。なぜなら，労働は，生活手段である所得や賃金を人びとにもたらしてくれるからです。人間は，働かなければ，所得や賃金を得ることができず，生きていくことさえ困難になります。逆に，労働にしっかりと取り組めば，生活に十分な所得や賃金が得られ，経済的な自立とより豊かな経済生活が可能になります。労働は，こうした「**経済的自立**」や「**経済的豊かさ**」を人びとにもたらしてくれるという意味で，価値あるものということができます。

次に，労働は，社会的な意味でも価値を有しています。なぜなら，人間は，他の人びとから切り離され，孤立した中で労働を行うわけではないからです。人間は，直接的であれ間接的であれ，つねに他の人びとと協力し合い，助け合いながら労働を行っています。そのため，人間は，労働を通じて，他の人びととのつながりを持ち，そのつながりの中でお互いに認め合い，社会からの承認も得ることができます。こうした「社会的つながり」や「社会的承認」をもたらすという意味においても，労働は価値あるものということができます。

さらに，労働は，人間にとって有用な財をつくり出す活動ですから，財の創造という面でも価値あるものです。とりわけ，先ほど述べたように，労働が他の人びととの協働という形で行われるものだとすれば，労働を通じて，単独の個人ではけっして生み出すことのできなかった社会的に価値ある財がつくり出され，次世代へと受け継がれていくことになります。こうした財は，人類の遺産といってもよいものですから，この意味で，労働は，文化創造的な価値をも持っているということができます。

最後にもう一つ，労働には忘れてならない価値があります。それが，自己実現という価値です。自己実現というのは，みずからの能力や個性をみがき，自己を完成させていくことを意味します。人間は，労働を通じて，この自己実現を果たしていくことができます。なぜなら，人間は，労働を重ねることによって，みずからの技能や知性，ひいては人間性を高め，しかもそれらの技能，知性，人間性を体現した財，まさにみずからの創作品を生み出していくことができるからです。したがって，労働は，自己実現という意味でも，価値あるものということができます。

2 労働社会の問題

前節で述べたように，労働は，経済的な意味だけでなく，社会的，文化創造的，そして自己実現的な意味においても，価値あるものということができます。労働がこうした多様な意味において価値のあるものである以上，労働が人間にとってきわめて重要な活動であることはいうまでもありません。しかし，そうだとしても，人間にとって労働が他のどの活動よりも価値あるものになるというわけではありません。労働社会では，このことが忘れられ，労働がもっとも価値あるものと見なされることによって，さまざまな問題が生じてくることになります。それでは，具体的にどのような問題が生じてくることになるのでしょうか。ここでは，とりわけ重大な4つの問題点を指摘しておくことにしましょう。

2.1 長時間労働を受け入れる企業文化の形成

本章の最初に述べたことですが，労働がもっとも価値あるものと見なされる社会では，家庭のことなど顧みず，会社や仕事のことしか考えない生き方を理想とする「会社人間」や「仕事人間」が労働者や従業員の多数を占めるようになっていきます。かれらが主体となってつくり出される企業文化は，前章で取り上げた長時間労働などの社会問題を引き起こす土壌となり，それが行きすぎると過労死や過労自殺のような深刻な問題をもたらすことになります。労働は価値のあるものですが，それが人間を疲弊させ，その命をも奪うとすれば，それは労働の本来あるべき姿ではありません。

2.2 労働以外の活動の軽視

前節で述べたように，労働社会では，労働以外の活動が労働よりも劣ったものと見なされ，それらの活動が軽視されることになります。しかし，労働以外の活動は，労働よりも劣ったものなのでしょうか。たしかに，労働には賃金と所得をもたらし，経済的な自立や豊かさを実現するという他の活動にはない面があります。しかし，そうだとしても，労働以外の活動が労働よりも劣ったものになるわけではありません。

たとえば，ボランティア活動を取り上げてみましょう。ボランティア活動を通じて，人間は，みずからを高め，自己実現をはかり，また，他者との結びつきを育み，互いに認め合っていくことができます。したがって，労働に期待された自己実現や社会的承認のような価値を，ボランティア活動もまた有しています。しかも，労働を介した他者との関係にはどうしても利害計算が入り込んでくることになりますが，ボランティア活動は，はるかに奉仕や助け合いの精神にもとづいて行われるものです。そのため，ボランティア活動を通じて，人間は，労働では得られない人間的な温もりや心の満足を感じることができるかもしれません。この面では，ボランティア活動は，労働よりも価値のあるものということもできます。さらに，労働がつくり出すのは，もっぱら市場で評価される財ですが，ボランティア活動は，市場では評価されなくても人びとが必要としているニーズを満たすことができます。

このように，ボランティア活動は，賃金や所得をもたらすものではないとしても，労働よりも劣ったものということはできません。このことは，ボランティア活動だけでなく，家事や地域活動，社会参加などの活動でも同様です。それにもかかわらず，労働社会の下では，これらの活動の価値が正当に評価されず，その結果，それらの活動への人びとの取り組みがおろそかにされたり，あるいは家事のように，伝統的な家族観にもとづいて，女性にその活動が押しつけられ，女性の社会進出をはばむことにもなります。

2.3 労働の非人間化

前章で説明したように，企業にとって，労働者は生産要素の一つにすぎず，そのため，かれらは人間としてではなく，一種のモノとして扱われる傾向を持ちます。しかも，企業は，何よりも生産効率を求めますから，生産工程の分業化，機械化，オートメーション化を推し進めるようになります。こうした労働の徹底した合理化の結果，労働者にとって，労働は，企業によって命令された大量の業務をまるで機械あるいは機械の部品のように日々こなしていくだけの労苦にすぎないものとなっていきます。しかし，労働が上から強制された労苦で，自分が機械の部品にすぎないという状況の下では，労働者は，人間としての尊厳を保つことができず，また，労働に期待された自己実現や社会的承認などの意味を労働から得ることはできなくなってしまいます。

労働社会においては，労働が何よりも尊いものであったはずです。それにもかかわらず，その労働が非人間化されることによって，労働は，その本来の価値を大きく失っていくことになります。こうしたまさにパラドクス的な事態が労働社会では生じますが，これがいわゆる**労働の疎外**と呼ばれている問題です。

2.4　消費主義の進展

2.3 で述べたような労働の非人間化が進展していくと，労働者にとって，労働は，賃金や所得を得る以上の意味を持たなくなっていきます。そのため，労働者は，労働世界の中で満足を得ることはもはやできず，労働世界とは分断された生活世界の中に満足を得られるものを見出していこうとせざるをえません。その結果，人びとは，生活世界あるいは自由時間の中で，ひたすら消費活動を通じてみずからの欲求を満たそうとする傾向を持つようになりました。これが「消費主義」と呼ばれる現代社会のいま一つの大きな特徴ですが，この点については，次章で詳しく取り上げたいと思います。

3 労働社会からの転換

3.1 ワーク・ライフ・バランス

このように，労働中心主義の考えにもとづく労働社会では，さまざまな深刻な問題が生じてくることになります。そのため，1970年代のQWL（quality of working life）運動や「労働の人間化」構想に見られるように，労働生活の質を高め，労働をより人間的なものにすることによって，労働社会からの転換をはかろうとする試みが行われてきました。こうした労働社会からの転換を求める動きは，現在のワーク・ライフ・バランスを実現しようとする動きにつながってきています。日本では，政府が「仕事と生活の調和（ワーク・ライフ・バランス）憲章」を定め，政府，地域，企業が一体となってワーク・ライフ・バランスを実現しようと「働き方改革」に取り組んでいます。

この憲章によれば，ワーク・ライフ・バランスが実現した社会というのは，「国民一人ひとりがやりがいや充実感を感じながら働き，仕事上の責任を果たすとともに，家庭や地域生活などにおいても，子育て期，中高年期といった人生の各段階に応じて多様な生き方が選択・実現できる社会」（内閣府ホームページ）と定義されています。いってみれば，ワーク・ライフ・バランスというのは，労働世界と生活世界が分断され，一方的に労働世界のみを重視してきた労働社会から，労働世界と生活世界の調和のとれた社会へと転換し，男女の固定的な役割分担にとらわれず，それぞれの人が求める多様な生き方を実現していこうとする動きと捉えることができます。

このワーク・ライフ・バランスの社会が実現されるためには，

労働中心主義的な考え方から脱け出す必要があります。労働を一方的に重視している限り，労働と生活の調和などとれるはずもありません。すでに述べたように，労働はたしかに価値ある活動ですが，もっとも価値ある活動というわけではありません。労働以外の活動もまた，労働に劣らない価値を有しています。ワーク・ライフ・バランスは，こうした労働以外のさまざまな活動の持つ価値を正しく評価し，労働と生活をともに充実させていくことによって実現されるということができます。それでは，具体的にワーク・ライフ・バランスを実現するために，どのような取り組みが必要になってくるのでしょうか。このことを次に見ていくことにしましょう。

3.2 労働時間の短縮と弾力化

ワーク・ライフ・バランスを実現するためには，まずもって日々の生活の中で十分な自由時間を確保できるように，労働時間の短縮を進める必要があります。労働時間の短縮は，世界的に見れば，19世紀半ばの労働者保護政策に始まる長い歴史の中で推進され，現在の日本では1日8時間，週40時間が法定労働時間となっています。しかし，前章で説明したように，日本ではこの法定労働時間を超える時間外労働が多くの企業において行われ，労働者が一日の大半を労働に費やすという状況が続いています。したがって，ワーク・ライフ・バランスの実現のためには，まずこの長時間労働を見直し，労働時間を短縮していくことが必要となります。

しかし，労働時間を短縮しただけでは，労働と生活の調和をはかることはできません。なぜなら，個々人の置かれている生活状況は多様だからです。各人の生活状況に合わせた労働が可能となるためには，労働時間の短縮だけでなく，同時に，労働時間の弾

Column ⑧　男性の育児休業取得率

労働者は，育児・介護休業法にもとづいて，最長で2年間，育児休業を取得することができます。企業によっては，法定期間を超える育児休業期間を設けていることもあります。この育児休業制度に関しては，男性の取得率がきわめて低いという問題が以前から指摘されています。表5-1は，男性と女性の育児休業取得率の推移を表しています。表を見れば明らかなように，女性の場合，8割以上が育児休業を取得しているのに対し，男性では，上昇傾向にあるとはいえ，2016年にようやく3%台にのったという状況です。政府は，2020年までに男性の育児休業取得率を13%に引き上げるとの目標を掲げていますが，それにはほど遠いのが現状です。

育児に限らず，家事に関する活動を女性が担わなければならないという理由はありません。男性も女性もともに活躍できる社会を実現するためには，男女の固定的な役割分担を見直し，家事に関しても，男性と女性が協力し合っていく必要があります。そのためにも，労働を一方的に重視する価値観を転換し，家事の重要性やその価値をあらためて問い直す必要があるということができます。

表5-1　育児休業取得率の推移　（単位：%）

年度	2008	2009	2010	2011	2012	2013	2014	2015	2016
女性	90.6	85.6	83.7	87.8	83.6	83.0	86.6	81.5	81.8
男性	1.2	1.7	1.4	2.6	1.9	2.0	2.3	2.7	3.2

（出所）厚生労働省（2017）より作成。

力化をはかっていくことが求められます。

労働時間の弾力化として，ワーク・ライフ・バランスとの関係で注目されるのが，**フレックスタイム制**と**裁量労働制**です。フレックスタイム制の下では，労働者は，一定期間の総労働時間の範囲内で，一日の始業および終業時間を自主的に選択することができます。また，現在，一部の業務に限って導入されている裁量労働制では，賃金は一定の時間働いたものと見なして支払われますが，実際の労働時間は，労働者の裁量にまったく委ねられています。こうした労働時間の弾力化を通じて，労働者は，自分の生活スタイルに合わせて，労働する時間を自主的に決めていくことができるようになります。さらに，労働と育児・介護の両立という点でいえば，**育児・介護休業**の取得の促進や，乳幼児期の子どもや要介護者のいる労働者への**短時間勤務制**の導入なども進めていく必要があります。

さらに，労働時間の弾力化だけではなく，**勤務場所の弾力化**も，ワーク・ライフ・バランスを実現する手段として関心が集まっています。近年，ICT（情報通信技術）を活用することによって，自宅など，会社とは離れた場所で，会社と同じ勤務環境を整えることが可能になってきています。これによって，通勤時間が短縮されるだけでなく，場所や時間の制約を受けにくい，柔軟な働き方ができるようになります。

もちろん，こうした労働時間や勤務場所の弾力化をはかったとしても，それがかえって長時間労働を助長するということになったのでは意味がありません。したがって，具体的な制度設計にあたっては，労働時間の短縮につながるように十分に注意する必要があります。

3.3　ディーセント・ワークの実現

労働時間の短縮や弾力化が実現され，自由時間の確保が行われたとしても，労働そのものが非人間的なままであったとすれば，労働が労苦でしかなく，労働者の尊厳が保たれないという労働世界の状況には，なんの変化もないということになってしまいます。この状況を変えていくためには，同時に**労働の人間化**を進めていく必要があります。そのために，近年注目されているのが，ILO（国際労働機関）が提唱しているディーセント・ワークという考え方です。

ディーセント・ワークというのは，「働きがいのある人間らしい仕事」を意味しています。「働きがいのある人間らしい仕事」というわけですから，たんに仕事が確保され，生活に十分な収入が得られればよいというわけにはいきません。そこで働く人の基本的権利が保障されるのはもちろんのこと，人間らしい職場環境が保持されていなければなりません。そのうえで，労働者が主体的に意欲を持って働き，みずからの技能の向上をもはかることのできる，そうした仕事でなければ，ディーセント・ワークと呼ぶことはできません。

もちろん，具体的にどのような仕事がディーセント・ワークといえるのかは，判断するのが難しい問題です。しかし少なくとも，そこで働く労働者が人間としての尊厳を保つことのできないような労働環境，仕事内容，賃金水準などであったとすれば，それはディーセント・ワークに値しないということになります。したがって，ディーセント・ワークは，非人間的な労働からまさに人間の尊厳に値するような労働へと労働の質を転換していくものということができます。こうしたディーセント・ワークを実現するためには，職業能力の開発，就業支援，非正規雇用の見直し，男女の雇用差別の除去，ハラスメントの防止やLGBTへの配慮（第4章の**Column**⑦参照），社会保障の整備など，官民一体となったさまざまな取り組みが必要になってきます。

3.4　自由時間の見直し

こうした取り組みによって労働世界が有意味なものに転換される一方で，労働時間の短縮と弾力化によって確保された自由時間もまた有意味なものにされなければなりません。なぜなら，自由時間が確保されたとしても，その時間が無為に過ごされるだけだ

Column ⑨ ロボットによって職を奪われる？

IT 革命と呼ばれるように，情報通信技術に関わる技術革新が飛躍的に進展しています。この情報通信分野での技術革新をさらに発展させる形で，現在，**人工知能**（AI：artificial intelligence）やロボットなどの開発が進められ，**第 4 次産業革命**とまで呼ばれるようになってきています。こうした急速に進展する技術革新は，日本の労働市場に大きな影響を及ぼすと予想されています。

2015 年に野村総合研究所は，今後 10〜20 年後に人工知能やロボットなどによって労働人口のどれくらいが代替可能かの推計結果を公表しました。その推計結果によれば，日本の労働人口の約 49% が技術的には人工知能やロボットなどによって代替可能とされています。代替可能性の高い職業として，具体的には事務職員，IT 保守員，電車運転士，建設作業員，自動車組立工，スーパー店員，ホテル客室係など 100 種の職業があげられています（野村総合研究所，2015）。

人工知能やロボットなどによって，実際にどれくらいの雇用が奪われることになるかについて，確実なことはいえません。しかし，第 4 次産業革命の動きに適切に対応することができなければ，多くの雇用が失われる可能性があります。人工知能やロボットによる労働の代替は，人間に代わって機械が労働を行うということになりますから，「労働からの解放」といえなくもありません。しかし，解放された人たちの生活を単純に社会保障で保障すればよいというわけにはいきません。こうした大きな変化に対して，どのように対応していけばよいのか，今後大きな社会問題となっていく可能性があります。

ったとすれば，労働と生活の調和がはかられたとはいえないからです。

自由時間をどのように過ごすのかについて，経済学者の足立正樹が興味深い議論を展開しています。足立によれば，自由時間の使い方は，①無為，②娯楽，③創造，④奉仕の 4 つに分類されます（足立，2006）。

無為とは，まさに何もしないことで，休息がその典型とされます。多忙を極める現代社会にあっては，休息は活力を取り戻すためにも必要なものです。しかし，無為はしばしば怠惰へと流されてしまいますので，自制が必要だとされます。

娯楽は遊びです。遊びからは楽しさが得られるため，多くの人は，自由時間をこの娯楽に費やすと考えられます。しかし，遊び続けるとそこから得られる満足は少なくなり，やがては虚しさをも覚えるようになるかもしれません。これは，遊びが「意味あることからの逃避」にすぎず，遊び続けても意味あることは何も得られないことによります。

しかし，はじめは遊びであっても，自分自身を高めるために，ひたすらそれに打ち込んでいくようになれば，遊びは次の創造になることができます。創造というのは，モノであれ自分であれ，つくることそれ自体を目的として何かをつくることを意味します。生涯学習は，この創造の基本ということができます。

最後の奉仕は，これまでの3つが自分自身のために自由時間を使う活動であったのに対し，他者のために自由時間を使うことです。ボランティア活動，地域活動，家事などがこれに含まれます。

自分の自由時間をこれら4つにどのように振り向け，また，具体的に何をしていくのかは，各人がそれぞれに判断するものです。各人の考えや価値観は異なりますから，当然，自由時間の過ごし方は，各人各様で多様なものとなっていきます。その際，自由時間が無意味なものとならないように，労働以外のさまざまな活動の価値や意味をしっかりと考え，みずからの人生をより豊かなものにしていくことが重要になってくるということができます。

● おわりに

日本の社会はこれまで，労働をもっとも価値のあるものと見なす労働社会であったということができます。労働は，経済的な意味に加え，社会的，文化創造的，そして自己実現的な意味でも価値を持っています。それゆえ，労働は，たしかに価値のあるものです。しかし，そうだとしても，労働がもっとも価値のあるものになるわけではありません。それにもかかわらず，労働社会の下では，労働がもっとも価値のあるものと見なされることによって，深刻な問題が生じてくることになります。長時間労働を受け入れる企業文化の形成，労働以外の活動の軽視，労働の非人間化などがそれです。

こうした労働社会のさまざまな問題を克服するためには，労働社会そのものを転換する必要があります。労働社会のように，労働だけが一方的に尊重されるような社会であっては，問題の解決など期待することはできません。労働と労働以外の活動の持つ価値がそれぞれに正しく評価され，労働と生活の調和がはかられてはじめて，労働社会の問題を克服することができます。そのためにも，労働時間の短縮と弾力化，ディーセント・ワークの実現，自由時間の見直しなどの取り組みが必要になってきます。

こうした取り組みを通じて，ワーク・ライフ・バランスの社会が実現されたとき，男性も女性もともに活躍できる社会がもたらされ，労働もまた，その多様な意味を果たし，労働のあるべき姿に近づいていくということができるでしょう。

第6章

いま求められる消費のあり方とはどのようなものか？

食品廃棄物のリサイクル工場（写真提供：アフロ）

● はじめに

これまでの章では，財・サービスの供給側に焦点を当ててきましたが，本章では視点を需要側に移し，消費をめぐる問題について見ていきます。市場経済の下では，どのような財・サービスをどれだけ消費するかの決定は，個々の消費者に委ねられています。しかし，このことは，消費者がどのような消費活動を行っても構わないということを意味するものではありません。生産者に経済倫理が求められるのと同様に，消費者にも経済倫理にしたがった行動が求められます。

それでは，どのような行動を消費者は求められているのでしょうか。この問いに答えるために，本章では，消費社会とも呼ばれる現代社会においてどのような問題が生じてきているのかを考察し，そのうえで，いままさに求められている消費のあり方について考えていくことにしましょう。

1 消費社会とは何か？

1.1 消費社会の定義

現代社会を消費の側面から捉えれば，現代社会は，**消費社会**として特徴づけることができます。社会学者の間々田孝夫によれば，消費社会とは，「人々が消費に対して強い関心をもち，高い水準の消費が行なわれる社会であり，それにともなってさまざまな社会的変化が生じるような社会」（間々田，2000，8ページ）と定義されます。この定義からもわかるように，消費社会は，たんに消費水準が高いだけでなく，消費が生活の中で何よりも重視され，社会に対し重大な影響を持つようになった社会ということができます。

前章で少し触れたように，この消費社会と労働社会とは密接に関連しあっています。労働社会の下では，労働が何よりも重視されるにもかかわらず，その労働は，賃金や所得を獲得するための手段の意味しか持たなくなっていきます。それでも，人びとは労働を通じてひたすら賃金や所得を得ようとしますが，それは，かれらがその賃金や所得を用いて財・サービスを購入し，消費水準を高めることによって，より多くの満足を得ることができるからです。その結果，ある財・サービスが得られたら，次の財・サービスへ，それも得られたらさらに次の財・サービスへと，消費への欲求は次から次へと膨らみ，財・サービスの消費拡大がどこまでも追求されるようになります。

消費社会の下では，このように消費が量的に拡大していくだけではありません。**高度大衆消費社会**といわれるように，消費は高度化し，より高級なもの，より多様なものが消費者に求められるようになります。こうした消費の高級化・多様化は，経済成長によって人びとの所得水準が大幅に上昇したことによってもたらされたものということができます。しかし，それだけではありません。消費社会の下では，より高級で高価な財・サービスの消費は，個人の社会的な成功や地位を示すものと見なされるようになります。そのため，消費は，財・サービスそれ自体の必要性というよりも，他人に対する見栄や競争心から行われるようになり，その結果，高級で高価な財・サービスがますます求められるようになります。

また，人びとの趣味・嗜好は多様ですから，生活が豊かになるほど，各人の趣味・嗜好に合った多様な財・サービスが求められるようになります。しかも，消費社会の下では，消費は，各人の個性やアイデンティティを表現するものとしても捉えられるようになります。そのため，「自分らしさ」を表現するために，意識的に他の人びとと異なる商品が求められ，いっそう消費の多様化が進んでいくことになります。

このように，消費社会においては，消費は，各人の必要を満たすという意味だけでなく，社会的地位や自分らしさの獲得といった意味をも持っています。そのため，人びとは，みずからの生活の中で，消費を何よりも重視し，ひたすら消費活動に取り組んでいくようになります。こうした消費に対する強い意識や精神的態度を**消費主義**と呼びますが，消費社会とは，まさにこの消費主義の考えに規定された社会ということができます。

1.2　消費者主権か生産者主権か？

消費社会において，消費者と生産者，すなわち企業との関係はどのようになっているのでしょうか。消費社会における経済の基本枠組みは，いうまでもなく市場経済です。市場経済では，企業は，生産した財・サービスを売ることができなければ，生き残っていくことができないため，できる限り消費者のニーズに合った財・サービスを生産しようとします。このことから，市場経済では**消費者主権**が実現されるとしばしば主張されます。消費者主権というのは，国民主権が民主主義の理念であるように，経済では消費者が主権者となって，生産のあり方を決定すべきだという考え方です。市場経済の下で，この消費者主権がまさに成り立っているとすれば，消費社会をもたらしたのは，消費者であって，企業は消費者の消費拡大要求に応えてきたにすぎないと考えることができます。

しかし，こうした考え方には問題があります。なぜなら，現実の市場経済においては，消費者主権が十分に達成されているとは考えられないからです。消費者主権が完全に成り立つためには，さまざまな条件が必要になりますが，少なくとも市場において消費者が主導的な立場に立っていなければなりません。ところが，現実には消費者よりも企業の方が優位な立場にあるような状況が多くあります。

まず，財・サービスに関する知識や情報は，消費者よりもはるかに企業の方が多く握っています。とりわけ，消費の高度化や技術進歩にともない，財・サービスは，ますます多様で複雑なものになっていくため，企業と消費者との間の情報の非対称性も広がっていくことになります。もちろん，情報通信技術の発展によって，消費者も相当の情報収集をできるようになったとはいえ，この情報の非対称性を埋めることができるとは考えられません。

また，消費者は，みずからの欲求を明確に意識して主体的に持っているわけでもありません。そのため，現実には企業が広告・宣伝などを通じて，消費者の欲求をつくり出しているという側面があります。アメリカの経済学者，J. K. ガルブレイスは，生産者が消費者の欲求をつくり出し，消費者の欲求が生産者に依存していることを**依存効果**と呼びました。こうした依存効果にもとづいて，もし，消費者の欲求が生産者によってつくり出されているとすれば，市場では消費者主権ではなく，むしろ**生産者主権**こそが成り立っているということになります。このように考えるならば，消費社会は，消費者の消費拡大要求に企業が応える形で実現されたのではなく，企業がみずからの利益を拡大するために，情報の優位性を利用し，消費者の欲求をつくり出すことによってもたらされたものだと捉えることができます。

たしかに，消費者が広告・宣伝に反応して店の前に長蛇の列ができるというようなニュースなどを見ると，依存効果がある程度，働いていることは，たしかなことです。しかし，そうだとしても，消費者の欲求を完全に生産者がつくり出しているとは考えられません。なぜなら，消費者が，潜在的であれ，必要としている商品でなければ，商品が購入されることなどないからです。そのため，企業は，マーケティングを通じて，消費者が何を望んでいるのか，どのような商品であれば売れるのかを探し出そうとします。企業がこのマーケティングに失敗すれば，いかに広告・宣伝をしたとしても，企業の商品が消費者に受け入れられることはありません。したがって，企業は，消費者の欲求をつくり出しているというよりは，消費者の潜在的な欲求を顕在化させているといった方が適切だと思われます。

このように市場経済においては，消費者が企業によって完全に操作されているわけではありません。もし，消費者が企業によって動かされるだけの存在にすぎないとすれば，消費社会で生じてくる問題の責任は，企業にあるということができます。しかし，消費社会は，消費を拡大しようとする消費者と生産を拡大しようとする生産者がいわば手を携えて実現されてきたということができます。そうである以上，消費社会の問題の責任は，消費者もまた担わなければなりません。それでは，どのような問題が消費社会では生じてくることになるのでしょうか。次にこの点を見ていくことにしましょう。

2 消費社会における経済倫理的問題

2.1 消費の外部性

消費は，一般に私的な事柄と考えられています。みなさんも，消費は自分や家族の私的な事柄だから，自分たちの好みにしたがって自由に消費したらよいと考えておられるのではないでしょうか。しかし，消費は，私的事柄にとどまるものではありません。なぜなら，消費の影響する範囲は，消費する本人に限定されるのではなく，他の人びとにも及ぶものだからです。ある人のとった経済活動が市場を介さずに他の人に影響を及ぼすことを，経済学では**外部性**といいます。外部性のわかりやすい例が公害問題です。公害問題では，企業が生産過程において有害物質を排出し，近隣の住民に健康被害を及ぼしています。じつは消費に関しても，この外部性の問題が存在します。

消費の外部性の典型例は喫煙です。タバコを吸うことで，喫煙者は自分の欲求を満たすことができます。しかし，その周りの人

Column ⑩　受動喫煙の影響

受動喫煙の健康への影響に関しては，さまざまな影響が指摘されています。厚生労働省の e-ヘルスネットによれば，受動喫煙によって肺がんのリスクが 1.20〜1.30 倍，心臓疾患のリスクが 1.25〜1.30 倍に高まるとされます。また，乳幼児・児童に起こりうる疾患として，呼吸器症状（せき・たんなど），乳児突然死症候群，より重症度の高いぜんそく発作などが指摘されています。

こうした受動喫煙による健康への影響が指摘されているにもかかわらず，日本では他の国々に比べて，受動喫煙防止への取り組みが遅れている状況にあります。そのため，2012 年に策定された「健康日本 21（第 2 次）」においては，受動喫煙防止の数値目標が掲げられ，受動喫煙防止のいっそうの推進が目指されています。その数値目標は，受動喫煙を受ける人の割合を 2022 年度までに行政機関と医療機関で 0%，家庭で 3%，飲食店で 15% に減らし，職場に関しては 2020 年度までに「受動喫煙の無い職場の実現」を目指すというものです。日本では 2020 年に東京五輪・パラリンピックが開催されますが，WHO（世界保健機関）と国際オリンピック委員会が「タバコのない五輪」の推進で合意していることから，東京五輪・パラリンピックに向けて受動喫煙防止の規制強化が行われようとしています。

は，受動喫煙という形で健康被害を受けることになります。喫煙者がタバコを吸うにあたっては，自分の健康被害のことは意識するかもしれませんが，基本的にはタバコの値段だけを費用として意識し，他人が被る健康被害をみずからの負担すべき費用とは考えません。そのため，喫煙者は，周りのことなどお構いなしに，好きなだけタバコを吸い，周りに大変な健康被害を与えてしまうことになります。

消費の外部性の問題は，タバコに限って生じてくるわけではありません。自動車を運転することは各人の自由ですが，自動車を運転すれば排気ガスをまきちらすことになります。大きな音で音楽を聞くことは，楽しいことかもしれませんが，近隣の人に不快な思いをさせ，迷惑をかけることになります。このように，消費は，消費する本人に満足を与える一方で，他人や社会にマイナスの影響，ときには他人の命を奪うほどの影響を及ぼすことがあります。

消費にこのような外部性の問題があるとすれば，消費は私的事柄だから，自分の好きなように消費しても構わないというわけにはいきません。むしろ，消費者は，みずからの消費にともなう社会的影響を自覚し，そのことを十分に考えたうえで，消費活動を行っていく必要があります。たとえば，喫煙者は，受動喫煙の被害を及ぼさないように，周りに人がいるときには，自分が吸いたくても喫煙を自制することが求められます。しかし，消費社会の下で，人びとがみずからの消費の社会的影響を考慮せず，消費による快楽を追求し続けていけば，消費の外部性の問題が深刻な社会問題として顕在化してくることになります。受動喫煙の問題も，喫煙者に先ほど述べたようなモラルがあれば，受動喫煙を防止するための法的な規制をかける必要はなかったのかもしれません。

2.2　環境問題の深刻化

消費の外部性の問題とも関わって，消費社会において重大な問題となってきているのが，自然環境の破壊や資源の枯渇といったいわゆる環境問題の深刻化です。前節で述べたように，消費社会においては，消費主義にもとづいて，人びとは，ひたすら消費を追求し，消費をどこまでも拡大していこうとします。こうした人びとの消費拡大への傾向は，経済的利益の獲得を目指す企業の生産拡大戦略と相まっていっそう促進されることになります。企業は，生産を拡大するためには，消費を拡大させなければなりません。そのために，企業は，たえず製品のモデル・チェンジを繰り返し，広告・宣伝などを通じて人びとの消費を刺激していこうとします。その結果，必要でないものの購入やまだ使えるものの廃棄といった行動が蔓延し，いわゆる**浪費の制度化**が進むことになります。**大量生産・大量消費・大量廃棄のメカニズム**がこうして確立されるとともに，自然環境の破壊や資源の枯渇が急速に進んでいくことになります。

このように，消費社会には，環境問題を深刻化させるメカニズムが組み込まれているということができます。しかし，消費者にも，環境問題の深刻化の責任があることを忘れてはいけません。たとえば，地球温暖化の問題を考えてみましょう。消費者は，自家用車の運転や電力・ガスなどのエネルギーの利用を通じて，地球温暖化の原因となる温室効果ガスを排出しています。たしかに自動車やさまざまな電化製品などは，より快適な生活を消費者にもたらしてくれます。しかし，ただ快適だからという理由で，自然環境に対するみずからの消費の影響をなんら考慮することなく，消費を拡大し続ければ，温室効果ガスの排出量は増え続け，地球温暖化がいっそう進んでいくことになります。

このように，消費者は，みずからが環境問題の原因者の一人であることを自覚する必要があります。それと同時に，消費者は，環境問題を現在世代と将来世代との世代間の公平性の問題としても考えていかなければなりません。なぜなら，現在世代の人たちが自分たちの欲求を充足させるために自然環境を破壊し，資源を枯渇させるとすれば，将来世代の人たちに大変な不利益をもたらすことになるからです。自然環境や資源は，現在世代の人たちのためにだけあるのではありません。現在に生きる消費者は，このことを明確に意識し，自然環境や資源を「持続可能な形」で将来世代に引き渡す責任を負っているということができます。

2.3　消費社会における社会的問題

消費社会においては，環境問題に加えて，消費者自身にとって，また，社会全体にとって深刻な影響をもたらすさまざまな問題が生じてきます。ここでは，とりわけ重要と思われる3つの問題を指摘しておくことにしましょう。

(1)　消費の過激化

消費社会の下では，人びとは，より多くの，また，より強い快楽を求めて，消費の内容を快楽主義的にエスカレートさせる傾向を持ちます。そのため，ある快楽が満たされたら，さらなる刺激を求めて，いっそう過激な内容の財・サービスが求められるようになります。生産者は売れればいいわけですから，こうした消費者の要求を抑えることはなく，むしろこれに積極的に応えていこうとします。その結果，たとえば映画やテレビの暴力シーンや性の描写がますます過激なものになったり，また，人びとがタバコやお酒では飽きたらず，より強い刺激を求めて麻薬にまで手を出すといったことにもなりかねません。

このようにして，消費に対する倫理的な歯止めが失われ，消費の過激化が進んでいけば，人びとは，快楽のためなら何をしてもよいと考えるようになり，倫理観は失われ，心の荒廃が進んでいくことになります。消費の過激化は，こうした心の問題をもたらすだけではありません。先に述べた例からもわかるように，消費の過激化による人びとの倫理観の喪失は，暴力，性，麻薬などに関わる犯罪を増加させ，社会不安を拡大させることにもつながっていきます。このように消費の過激化は，それが進んでいけば，社会そのものの安全性や安定性に関わる深刻な問題を引き起こすことになるということができます。

⑵ 社会的関心の希薄化

消費社会の下では，生活全体の中で消費が何よりも重視され，人びとは消費活動にひたすら取り組むようになります。しかも，一般に消費は，自分の身の回りの私的な事柄として捉えられることから，消費が重視されるにつれ，社会的な関心が薄れていくようになります。こうした社会的関心の希薄化は，2つの点で大きな問題をもたらします。

第1に，人びとが社会的関心を持たなくなると，すでに述べた消費の外部性の問題や環境問題に対する消費者としての主体的な取り組みがなされなくなっていきます。そのため，これらの問題の解決が困難になるだけでなく，社会的関心の希薄化によって，消費者がさらに消費の度合いを強めていくことになれば，これらの問題がいっそう深刻化するといったことにもなりかねません。

第2に，社会的関心の希薄化の結果，人びとは，ボランティア活動や社会参加といった社会との関わりを持った活動を軽視するようになります。しかし，こうした社会的な活動は，社会全体にとって必要な活動であるだけでなく，前章で説明したように，人びとのワーク・ライフ・バランスの実現という観点からも，重要な活動ということができます。この意味で，社会的な活動が軽視され，それへの取り組みがおろそかにされることは，人びとの人生をより豊かなものにするという点からも大きな問題といわざるをえません。

⑶ 歴史的・文化的に価値あるものの衰退

消費社会の下では，つねに新たな商品が求められ，流行がつくり出されることになります。そのため，商品が陳腐化するスピードが高まり，市場で売れ筋の商品でなければ，たとえその商品それ自体がいかに価値のあるものであったとしても，市場から駆逐されることになります。

次から次へと新たな商品を求めるこうした傾向の中では，すでに述べたような浪費の制度化が進むだけではありません。流行遅れになった商品が市場から駆逐されていく以上，いかに歴史的・文化的価値を持った伝統品や伝統芸能といえども，消費者に求められなければ，市場から排除され，すたれていかざるをえません。しかし，市場で受け入れられなくなったものは，すべて存在価値のないものである，というわけではありません。とりわけ伝統品や伝統芸能には高い歴史的・文化的価値を持ったものが数多く存在しています。したがって，これらの伝統品や伝統芸能をいかにして後世に残していくかということは，私たち現在世代に課せられた大きな責任ということになります。

3 倫理的消費とは何か？

3.1 消費者の権利と責任

消費社会でのさまざまな経済倫理的問題の出現を受けて，近年，消費者に倫理的な消費行動，いわゆる**倫理的消費**を求める多様な動きが生じてきています。消費者に倫理的消費が求められるのは，消費者には一定の権利が与えられていると同時に，果たすべき責任もまた存在すると考えられるようになってきたからです。

消費者の権利は，アメリカのケネディ大統領によって提起された「消費者の4つの権利」（安全である権利，知らされる権利，選択できる権利，意見が反映される権利）を出発点としています。日本では，消費者基本法において，①安全が確保されること，②自主的かつ合理的な選択の機会が確保されること，③必要な情報が提供されること，④消費者教育の機会が確保されること，⑤意見が消費者政策に反映されること，⑥被害の救済が受けられることが，消費者の権利として明記されています。

このように，消費者にはさまざまな権利が与えられています。しかし，それと同時に，消費者は，それらの権利を生かし，自分の消費生活において責任ある行動をとるように求められています。この消費者に求められる責任としては，消費者団体の国際的ネットワーク組織である国際消費者機構（CI）によって提起された５つの責任が知られています。その５つの責任とは次のようなものです。

①批判的意識：商品やサービスの用途，価格，質に対し，敏感で問題意識を持つ消費者になるという責任
②自己主張と行動：自己主張し，公正な取引を得られるように行動する責任
③社会的関心：みずからの消費生活が他者に与える影響，とりわけ弱者に及ぼす影響を自覚する責任
④環境への自覚：みずからの消費行動が環境に及ぼす影響を理解する責任
⑤連帯：消費者の利益を擁護し，促進するため，消費者として団結し，連帯する責任

今日の消費者には，快楽が得られるからといって，自分の好きなように消費することは許されなくなっています。消費者は，自分たちがこれらの社会的責任を負っていることを自覚し，行動する必要があります。倫理的消費とは，こうした社会的責任意識を持った消費行動を消費者に求めるもの，ということができます。

3.2　倫理的消費の具体的動き

それでは，倫理的消費として，具体的にはどのような行動が消費者に求められているのでしょうか。前節で述べたように，消費に外部性がある以上，日常生活において消費者には外部性を意識

した消費行動が求められます。しかし，それだけではなく，今日では倫理的消費を求めるさまざまな動きが生じてきています。ここでは，その代表的なものを見ていくことにしましょう。

⑴ 消費者運動

すでに述べたように，企業と消費者との間には情報の非対称性が存在します。そのため，企業が正確な情報を開示せず，むしろこの情報の非対称性を悪用するようなことがあれば，欠陥商品や有害商品の販売，悪徳商法などのいわゆる**消費者問題**が発生し，消費者は，大きな被害や損害を受けることになります。こうした消費者問題が続発してきたために，政府は，消費者保護のための施策を強化してきています。しかし，いかに消費者保護政策が強化されたとしても，政府に頼っているだけでは消費者問題をなくすことはできません。消費者自身が，消費者問題を発生させた企業に対して厳しい態度でのぞみ，みずから行動に移していく必要があります。問題を引き起こした企業の製品の不買運動や欠陥商品・有害商品の告発運動などを通して，消費者が主体的・積極的に声を上げることによってはじめて，消費者問題をなくし，消費者主権を実現することができるようになります。こうした消費者の行動が**消費者運動**として知られているものです。

消費者運動は，欧米においては，1960年代からのR.ネーダーによる消費者運動に代表されるように，すでに長い歴史を持ち，人びとの消費者運動への意識は非常に高いということができます。そのため，直接的に消費者問題に結びつかない問題であっても，企業が社会的に重大な問題を引き起こした場合には，消費者は行動を起こすようになっています。たとえば，原油採掘施設を海洋投棄しようとしたシェルの製品に対する不買運動や，東南アジアの工場での児童労働や強制労働などの問題が発覚したナイキの製品に対する不買運動が1990年代に欧米を中心として世界中に広がったことはよく知られています。

日本では，欧米に比べると消費者運動は，それほど進展しているとはいえません。しかし，今後は日本においても，消費者運動が重要になると思われます。そして，日本でも消費者運動が定着したとき，日本の消費者もまた，先の５つの責任で示されたような「批判的意識」を持ち，「自己主張と行動」を起こす消費者になったということができます。

⑵　**社会貢献活動への支援**

消費者は，消費者運動を通じて問題のある企業に対し批判的行動をとることができる一方で，社会貢献につながる商品や社会貢献を行う企業の商品を購入することで，消費を通じて，企業の社会貢献活動を積極的に支援していくことができます。

その代表的事例として，フェアトレード商品の購入があげられます。フェアトレードというのは，発展途上国の商品（よく知られているのがコーヒーやカカオなどです）を取引する際に，フェア（公平）な形，すなわち途上国の人びとの生活改善や経済的自立につながるような形で取引をしていこうとする活動を意味しています。

また，このタイプの新たな動きとして，コーズ・リレーテッド・マーケティングがあります。コーズ（cause）というのは「社会的大義」という意味ですので，コーズ・リレーテッド・マーケティングとは，社会的大義と結びつけられた販売活動，具体的にいえば，企業が商品の売上の一部を社会貢献にあてることを宣伝し販売するといった活動です。

先の５つの責任にもあげられていたように，今日の消費者には，「社会的関心」を持った行動が求められています。フェアトレード商品であれ，コーズ・リレーテッド・マーケティングの商品であれ，それらの商品を購入することは，まさにこの社会的関心にしたがった消費行動ということができます。

(3) 自然環境への配慮

前節で述べたように，消費社会の大きな問題の一つとして環境問題の深刻化があります。先の5つの責任の一つとして，「環境への自覚」があげられていたのも，そのためです。環境に配慮した消費行動に徹底して取り組もうとするグリーン・コンシューマリズムの運動や，自然に根ざしたゆっくりとしたテンポのスローライフを提案する運動に代表されるように，今日の消費者には，自然環境に配慮した生活へとみずからの生活を見直していくことがまさに求められています。

日本では，こうした環境に配慮した消費行動は，どのくらい広がってきているのでしょうか。2016年の環境省の調査によれば，節電や節水，ごみの分別や削減などについては，6割から7割以上の人がすでに実践しています。これらの行動は，日常生活の中で取り組むことができ，家計にも役立つものですから，その取り組みが進んでいると思われます。一方，環境への影響を配慮した購入行動を行っている人の割合は4割程度にとどまり，環境教育・学習活動への参加や環境保全への取り組みなど，より積極的な行動を必要とするものについては，さらにその割合が低くなっています（環境省，2016）。このように，日本では環境に配慮した消費行動が広がってきているとはいえ，さらなる取り組みが必要だということができます。

3.3 倫理的消費の課題

ここまで，倫理的消費の3つの大きな動きについて見てきました。それらは，いずれも消費社会そのものに対する批判運動へとつながる動きということができます。なぜなら，消費社会は，これまでに述べてきたことから明らかなように，自然環境や社会のことなど配慮せず，快楽主義的にひたすら消費を追い求める，そうした生活スタイルにもとづく社会であるからです。この意味において，倫理的消費は，消費社会における生活スタイルをまさに変えようとする動きであるということができます。しかし，倫理学者の柘植尚則が指摘するように，倫理的消費が本当の意味で実現されるためには，いくつかの大きな課題が存在しています（柘植，2012，2014）。ここでは，消費社会からの転換という点でとくに重要と思われる3つの課題について見ていくことにしましょう。

第1に，倫理的消費では，消費社会で進む過剰な消費，その結果として生じる自然環境や社会への悪影響が痛烈に批判されます。ところが，消費に倫理的という形容詞がつくことによって，その消費それ自体が正当化され，消費が推し進められる可能性があります。たとえば，倫理的消費では，環境に配慮した消費行動が求められますが，商品に「エコ」の名称がつけられることで，エコ商品であれば，それを消費することが正当化されると考えられるようになります。その結果，消費を拡大しようとする消費者の性向に変化がなければ，消費者はエコ商品を大量に消費しようとし，企業もそれに応えてエコ商品を大量に生産するようになります。これでは，持続可能な社会への転換が進められるどころか，消費社会での大量生産・大量消費・大量廃棄のメカニズムが維持され，それがエコの名の下に正当化されるというパラドクス的な事態が生じることになってしまいます。

第2に，消費社会では，消費は，財それ自体の必要性からというよりも，他人に対する見栄や自分らしさを示すために行われるようになります。倫理的消費も，こうした自己顕示のために行われる可能性があります。これもエコ商品の例でいえば，その商品が環境にやさしいからという理由ではなく，自分が環境にやさしい行動をとっていることを他人に見せつけるためにエコ商品を購入するような場合です。しかし，その商品を本当に必要として購入するのではないとすると，それは資源の浪費につながる可能性があります。

第3に，消費社会の下では，たえず新たな商品が求められ，流行がつくり出されることになります。消費者が本当に社会的な責任意識を持って倫理的消費に取り組むのではなく，こうした流行や一種のファッションとして倫理的消費を捉えているにすぎないとすれば，倫理的消費が一時的な流行で終わってしまう可能性があります。企業の方も，こうした流行に乗って，環境や社会に配慮した商品を生産しているだけであるとすれば，倫理的消費のブームが去るとともに，そうした商品の生産からすぐに手を引くことになるでしょう。倫理的消費をこうした一時的な流行ではなく，持続的な取り組みへとつなげていくことができなければ，消費社会からの転換に結びつけることはできません。

以上，3つの課題を見てきましたが，これらはいずれも，消費者が倫理的消費の意味を表面的にしか理解していないことによって生じる問題です。したがって，これらの課題が克服され，消費社会からの転換が実現されるためには，まずは消費者が倫理的消費の意味を正しく理解する必要があるということができるでしょう。

● おわりに

消費社会においては，人びとは，他人や社会，また，自然に対するみずからの消費の影響を十分に考慮することなく，ひたすら消費を追求するようになります。そのため，消費社会においては，消費の外部性の問題，環境問題，消費の過激化，社会的関心の希薄化など，さまざまな問題が生じてくるようになります。

消費社会で生じるこれらの問題を克服するためには，消費者自身が社会的責任意識を持ち，みずからの消費行動を見直していく必要があります。すなわち，消費者は，批判的精神にもとづいて消費者運動に取り組んだり，社会貢献につながる商品の購入を行ったり，自然環境に配慮した消費行動を行ったりしていかなければなりません。しかし，こうした倫理的消費への取り組みが表面的な取り組みに終わってしまったのでは，消費社会の問題を克服することなどできません。そうならないためにも，消費者は，消費によって満足や快楽が得られるにしても，その消費が社会や自然環境にどのような影響をもたらすのかをたえず問い続ける必要があります。そして，消費者が本当の意味で社会的責任意識を持つようになったとき，消費社会の問題は克服され，消費社会からの転換が実現されるということができるでしょう。

第Ⅱ部

新たな経済社会の枠組みを求めて

第7章

市場はどのように評価されるのか？

「ベルリンの壁」崩壊（1989年11月，写真提供：AFP＝時事）

●はじめに

これまでの章では，市場の中で行動する主体に焦点を当て，個人や組織に関わる経済倫理の問題について考察してきました。本章からは，経済社会の枠組みに関わる問題へと視点を移し，経済社会全体のあり方について考えていきたいと思います。

現代の経済社会では，私たちがどのような財・サービスを購入するかは，私たち個々人が自由に選んでいます。また，企業がどのような財・サービスを生産し，販売するか，どのような材料をどこから調達するかは，個々の企業がそれぞれに決定しています。このように，人びとの自由な取引を基礎として営まれる経済は，市場経済と呼ばれます。市場経済は，今日では世界経済の基本原則になってきていますが，それは，市場が優れた機能を発揮すると期待されているからにほかなりません。しかしその一方で，市場はけっして完全なものではなく，さまざまな問題を抱えています。そのうちのいくつかの点については，これまでの章でも触れてきました。本章では，経済倫理の観点から，市場の機能と限界をあらためて整理することによって，市場という経済の枠組みがどのように評価されるのかを見ていくことにしましょう。

1 市場の優れた機能

先ほど述べたように，市場には優れた機能が期待されます。それでは，どのような点で市場には優れた機能が期待されるのでしょうか。経済学では主として効率性という評価基準から市場の優れた機能が明らかにされていますが，経済社会の望ましい枠組みは，効率性の基準だけで判断されるものではありません。そこで，以下では，経済倫理のより広い視点に立って，市場に期待される機能を，①経済的機能，②経済社会的機能，③社会倫理的機能に分けて見ていくことにしましょう。

1.1 市場の経済的機能

(1) 資源配分の効率性

人びとは生活をしていくためにさまざまな財・サービスを必要としていますが，それらの財・サービスを生産するための資源は，豊富に存在するわけではなく，むしろ限られています。この資源の希少性から，経済の編成にあたっては，効率性，すなわち限られた資源を有効に活用し，人びとの満足をできる限り満たしていくことが求められてきます。市場に期待される経済的機能として，まずあげられるのが，市場に任せておけばこの**資源配分の効率性**が達成されるということです。市場を通じて，どのように効率性が達成されるのかを，簡単に見ておくことにしましょう。

市場では，消費および生産の決定は，各消費者および各生産者によってそれぞれ個別に行われます。そのため，各主体の需要量と供給量を総計した市場全体での需要量と供給量が一致する保証はどこにもありません。しかし，需要量と供給量にズレが生じた場合，市場では価格が動くことによって調整がはかられることになります。つまり，需要量が供給量を上回っている場合（この場合には，必要としている財を得られない消費者がいますので，かれらに不満足が生じています），市場では価格が上昇します。それによって，需要量が抑えられ，供給量が増えることで，需給が一致するようになります。逆に，需要量が供給量を下回っている場合（この場合には，生産した財が売れ残ってしまい利益をあげられない企業がいますので，かれらに不満足が生じています），市場では価格が下落します。それによって，需要量が増え，供給量が減少することで，需給が一致するようになります。

こうして市場では，価格が動くことによって**需給調整**がはかられ，需給が一致するようになります。この需給が一致した状態では，買い手は自分がその価格の下で買いたいと思っている財をすべて購入することができ，また売り手はその価格の下で自分が売りたいと思っている財のすべてを販売することができます。したがって，買い手にとっても売り手にとっても，現状に比べて，よりよい状態をもたらすような選択肢はありません。つまり，そこでは，もっとも望ましい状況が実現しているということができます。

このように市場では，誰によって計画されたわけでもないのに，価格の動きという「見えざる手」のおかげで，おのずから効率的な資源配分の状態が達成されると期待されます。市場の期待機能としてはしばしばこの効率性の達成があげられますが，市場に期待される経済的機能は，それだけではありません。経済の発展と分配の公正という観点からも，市場には優れた機能が期待されます。以下，それぞれについて見ていくことにしましょう。

(2) 経済のダイナミックな発展と成長

市場では，人びとは，みずからの経済的利益を求めて，お互いに競争しあうことになります。そのため，供給サイドの人びとは，競争に勝ち抜くために，新たな商品や新たな生産方法などを求め，たえず創意や工夫をするように促されることになります。その結果，ときにそれが産業革命と呼ばれるほどの飛躍的な技術革新を生み出すことにもなります。かつて，オーストリアの経済学者，J. A. シュムペーターは，技術革新にとどまらず，新商品の開発，新たな販路の開拓，さらには新しい組織の構築など，供給サイドで行われる創意・工夫を「革新」と呼び，この革新の機能を担う主体を「企業家」と見なしました。市場競争の中では，企業家は，革新を通じて，たえず古い価値を破壊し，新しい価値を創造していこうとします。いわばこの「創造的破壊」のプロセスを通じて，経済は，まさにダイナミックに発展していくことができるようになります。市場には，このように経済のダイナミックな発展と成長をもたらすという経済的機能が期待されます。

(3) 分配の公正

市場には，生産面だけでなく，分配面でも優れた機能が期待されます。それが，公正な分配の実現という機能です。

一般に，分配の公正には，2つの原則が存在します。一つは**貢献原則**で，もう一つは**必要原則**です。貢献原則は，人びとの貢献に応じた分配を，必要原則は，人びとの必要に応じた分配を公正と見なすというものです。市場では人びとの生産への貢献度に応じて所得分配が行われますので，貢献原則に応じた分配という意味で，公正な分配が実現されると期待されます。また，貢献原則にもとづく分配の下では，より高い貢献を果たせばより高い報酬が得られますので，労働へのインセンティブが強く働いてくることになります。これにより，人びとの労働意欲が高められ，この面からも経済の発展と成長が促されることになります。

1. 2　市場の経済社会的機能

序章で説明したように，経済活動は，つねに社会的な関わりの中で行われます。この経済における人と人の関係に関わる機能，すなわち経済社会的機能という点においても，市場は優れた機能を発揮すると考えられます。ここでは，消費者と生産者の関係，ならびに経済的勢力の関係という点から，その期待される機能を見ておくことにしましょう。

(1)　消費者主権の実現

経済社会全体という視点から見て，生産がなんのために行われているかといえば，消費者の必要としているものを消費者にもたらすためにほかなりません。そうである以上，生産のあり方は，消費者の意思決定にしたがって決定されるのが社会的に望ましいということになります。これが**消費者主権**と呼ばれる考え方です。市場では，生産者は，みずからの生産した財・サービスが売れなければ生き残っていくことができないため，生産者は，できる限り消費者のニーズに合った財・サービスを生産しようとします。その結果，市場では，消費者主権が実現されると期待されます。

政治の世界では，国民主権が民主主義の原則であり，主権者たる国民の意思決定にしたがって政治が行われるのが望ましいと考えられています。すべての国民は消費者ですから，消費者主権が実現され，消費者の意思決定にしたがって経済が動かされていくということは，経済の世界においても，民主主義の原則が達成されたということを意味しています。

(2) 経済的勢力の分散

経済社会において，経済活動の計画や決定の権限が特定の人びと，たとえば政府に集中することは，かれらに経済を支配する力を与えることになります。こうした経済的勢力を与えられた人びとは，みずからの利益となるように，権力を不当に濫用し，経済を恣意的に運営するといったことになりかねません。

これに対し，市場では，生産であれ消費であれ，計画や決定の権限は，個々の主体に委ねられています。そのため，計画や決定の権限は，多数の主体に分散されることになります。また，市場経済では，私有制が保障されているため，所有権も各人に分散されることになります。このように，市場では，経済的勢力の分散化がはかられ，勢力の不合理な集中が阻止されると期待されます。

1.3 市場の社会倫理的機能

最後に，自由や平等のような社会倫理的価値という側面から見ても，市場は高く評価されることになります。

詳しくは第9章で取り上げますが，市場という経済の枠組みは，万人に私有権と自由権を平等に保障する法的制度を基盤として成り立っています。そのため，市場では，少なくとも法的あるいは形式上は，万人の平等が達成されると期待されます。また，万人に対し自由権が保障されることから，市場では誰もが自由に経済活動を行うことができます。もちろん，自由に経済活動ができるということは，その活動の結果には責任を持たなければならないということを意味しています。そのため，市場で行動する主体は，自由と自己責任の原則にもとづく行動を求められ，これを通じて，自律的な態度を身につけていくことができるようになります。

このように，市場には，法的あるいは形式上の平等を実現するとともに，自由と自己責任という社会倫理的価値を実現し，各人の自律的な態度を育てるという社会倫理的機能が期待されます。

2 市場の限界

以上のように，市場は，さまざまな優れた機能を発揮すると期待されます。しかし，市場は，けっして完全なものではなく，同時にさまざまな問題も抱えています。経済学では，市場が理想的に機能しない場合や，市場の働きによって問題が生ずる現象を「市場の失敗」と呼び，おもに効率性の観点から「市場の失敗」を明らかにしてきています。もちろん，市場の問題は，効率性に関わる問題だけではありませんので，前節と同様，ここでも，経済倫理の広い観点から市場の限界について考えていくことにしましょう。

2.1 市場の失敗

市場では，各経済主体がみずからの利害得失を考え，生産や消費の決定を行っています。そうした各経済主体による行動の相互作用の結果として，社会全体から見てもっとも効率的な状態へと需給が調整されるという点が，上で説明した市場の第一の機能です。しかしこの機能は，つねにどんな場合でも実現されるわけではありません。この機能が十分に実現されない状況として，ここでは「外部性」，「公共財」，そして「情報の非対称性」の問題を取り上げて説明することにしましょう。

⑴ 外 部 性

すでに第6章で説明したように，**外部性**というのは，ある経済主体のとった行動が市場を介することなく他の主体に影響を及ぼすことを意味します。この外部性が存在する場合に生じてくる問題の典型例が，公害問題や環境問題です。企業が生産活動において発生する有害物質を海や川，大気中に排出することで，地域住民に重大な健康被害が生じることがあります。市場に任せていた場合，なぜこのような問題が生じてくるのかを，簡単に見ておくことにしましょう。

市場では，企業は，生産にかかる費用を計算し，生産量を決めています。この場合の生産にかかる費用というのは，企業が生産にあたって負担しなければならない費用であって，あくまで企業の費用計算の中に入ってくる費用だけです。そのため，企業に損害賠償や税を課すといった政策対応がとられない限り，この費用の中には，有害物質の発生によって地域住民が被る被害は入ってきません。しかし，地域住民が被る被害も，企業の生産活動によって発生する費用ですから，社会的には費用計算の中に含められるべき費用です。それにもかかわらず，企業は，この費用を考慮しないため，社会的に望ましい水準を超えて生産量を拡大し，その結果，大量の有害物質を排出し，地域住民に甚大な健康被害を及ぼすことになります。

⑵ 公 共 財

公共財とは，「消費が競合しない」という性質と「消費を排除できない」という性質の2つの性質をともに満たす財を指しています。

まず，「消費が競合しない」とは，ある人がある財を消費したとしても，他の人もその財を消費することができるという性質です。たとえば，映画館で私が映画を見ているとき，映画館が満席でなければ，別の人も同時にその映画を見ることができます。したがって，映画は「消費が競合しない」という性質を満たしています。また，道路は，渋滞で混雑していない限り，複数の人が同時に利用することができます。このことから，道路も「消費が競合しない」財の一つです。

一方，「消費を排除できない」とは，対価を支払わない人でも消費できてしまうという性質です。先ほどの映画の例でいえば，入場料を支払わない人は映画館に入ることができないため，映画は，消費を排除「できる」財ということになります。道路についてはどうでしょうか。有料道路であれば，入場ゲートで料金を支払わない人は利用することができません。これに対して，一般の道路を考えるとき，すべての進入路に入場ゲートを設けるのは理論的には可能であっても事実上不可能ですから，一般道路は「消費を排除できない」財ということができます。したがって，渋滞していない一般道路は公共財であるといえます。一般道路以外でも，国防や警察といったサービスは，公共財の代表例です。

こうした公共財の場合，各人は，対価を支払わなくてもその財を利用することができるため，誰も対価を支払おうとはしなくなります。そのため公共財は，市場での人びとの自由な取引に任せていたのでは，それがいかに必要な財であっても，自発的な供給を期待することはできません。

(3) 情報の非対称性

ある財を取引しようとする経済主体は，その財について十分な情報を持っていなければなりません。その財の価値や費用を正確に知っていなければ，取引すべきかどうかを適切に決定することができないからです。しかし現実には，各主体が持っている情報量に大きな差が存在する場合があります。これは**情報の非対称性**と呼ばれる問題です。

情報の非対称性が存在する場合，より多くの情報を握っている経済主体は，その情報を利用してみずからに有利になるように市場での取引を操作することができます。わかりやすい例として，医療市場における医師（供給者）と患者（需要者）の関係を考えてみましょう。医師は，医療の専門家として，患者に比べ圧倒的に多くの情報を持っています。患者は，自分がどのような病気で，どのような治療を必要としているかを判断することはできません。それができるのは，医師だけです。そのため，医師はこの情報の非対称性を利用して，みずからの報酬を増やすために，不必要な検査や治療，投薬を行おうとするかもしれません。たいていの場合，必要な医療サービスの量は医師が決定しますから，医療サービスは過剰に提供され，医療費が膨れ上がることになります。

また仮に，医師はみずからの利益のために不要な（ときには有害な）治療や投薬を行うかもしれないと，多くの患者が疑っている状況を考えてみましょう。そのように，医師に対する信頼が十分でなければ，結果として，本当は必要な医療サービスの購入が控えられ，人びとの健康が悪化することも考えられます。

情報の非対称性は，医療市場にとどまるものではありません。第6章で述べたように，一般に企業は，消費者に比べて多くの情報を握っています。そのため，企業は，消費者に不利な形で市場取引を歪める可能性があるだけでなく，ときには情報の非対称性を悪用し，消費者に大きな被害を及ぼす消費者問題を発生させることにもなります。また，こうした状況の下では，市場に期待された消費者主権の実現も妨げられることになります。

2.2　競争の不足

前節で述べたように，市場では，価格が動くことによって需給調整がはかられ，効率的な資源の配分が実現されると期待されま

Column ⑪　独占禁止政策

市場で独占や寡占が形成されると，本文で述べたようなさまざまな問題が生じてくるため，日本だけでなく，アメリカやEUなど世界各国で独占禁止政策がとられています。日本では，独占禁止法（正式には，「私的独占の禁止及び公正取引の確保に関する法律」といいます）にもとづき，競争相手を市場から排除して独占を形成しようとする行為，カルテルや談合のような競争を排除する共謀的行為，取引拒絶や不当廉売，優越的地位の濫用などの不公正な取引を強要する行為などが禁止されています。

独占禁止法違反が疑われる事件は，毎年，多発しています。その事件のうち，独占禁止法違反として法的措置がとられた事件に関していえば，カルテルや談合のような共謀行為が多数を占めています。また，独占禁止法に違反した企業には多額の課徴金の納付が命じられています。ちなみに2016年度に関していえば，32の事業者に対し，総額で91億4301万円の課徴金納付命令が出されています（公正取引委員会，2017)。こうした多額の課徴金納付命令が出されるにもかかわらず，独占禁止法違反の事件がなくならないことは，法律に違反しても経済的利益を求めようとする誘因がいかに強いかを示しているといえます。

す。ただし，そのような価格による調整機能が適切に働くためには，売り手と買い手がそれぞれ多数存在して，十分な競争が行われることが必要条件となります。一般の財・サービスの場合，買い手（消費者）は多数いるといえますが，売り手は，かならずしも多数存在するわけではありません。むしろ，少数の企業が市場を支配している状況は，現実に多く見られます。

一つの企業だけが市場を支配している場合，その市場は，**独占市場**と呼ばれ，少数の企業が市場を支配している場合は，**寡占市場**と呼ばれます。寡占市場の場合，企業は，ときに相談のうえ，価格や生産量などを共同で決め，競争を回避することによって，より多くの経済的利益を得ようとします。これがカルテルと呼ばれるものですが，こうしたカルテルが結ばれる場合には，寡占市場は，実際には独占市場と変わらないことになります。

市場が独占や寡占の状態にある場合，企業は，生産量を減らすことで価格をつり上げ，みずからの利益を増やすことができます。これは，市場での効率的な資源配分の仕組みを歪めることになります。また，独占や寡占は，市場での勢力集中をもたらすため，市場に期待された経済的勢力の分散を妨げ，ときにはその市場支配的勢力を用いて，下請け企業などに対し，不当な取引を強要するといった問題も生じてくることになります。

2.3　市場の不安定性

すでに述べたように，市場では，各消費者および各企業がそれぞれに消費計画，生産計画を立て，消費や生産を行っているため，需要量と供給量が一致しないことが当然，生じてきます。この需給のズレが積み重なり，経済全体へと波及していくことで，**景気の変動**が生じることになります。すなわち，経済全体の需要（総需要）が，経済全体の供給（総供給）を下回っている場合，生産の縮小と物価の下落が発生し，景気は後退することになります。一方，総需要が総供給を上回っている場合には，生産の拡大と物価の上昇が発生し，景気がよくなっていくことになります。

このように市場においては，景気の変動が発生せざるをえません。しかも，いったん景気がよくなると，たとえば1980年代後半のバブル経済期のように，人びとは過剰な投資を行い，景気は過度に加熱することになります。また，不連続に起きる技術革新は，その革新が起きるたびに大きな投資ブームを引き起こし，そのことが景気の過熱をいっそう加速させることになります。しかし，いったんバブルがはじけると，それまでの過剰な投資が重荷となり，景気は一気に冷え込むことになります。この不況が厳しい状態に陥ることを恐慌といいますが，第9章で見るように，市場経済は何度もこの恐慌に襲われてきました。このような経済の不安定性の問題は，市場の抱えている大きな限界の一つということができます。

2.4 市場での分配の限界

すでに述べたように，市場では，貢献原則という意味で公正な分配が達成されることが期待されます。しかし，詳しくは第8章で説明しますが，貢献原則にもとづく分配には，さまざまな問題が存在しています。

まず，貢献原則にもとづいた所得分配の場合，貢献能力を持たない人（たとえば，障害者，高齢者，幼児など）や貢献機会を奪われた人（たとえば，失業者，病気療養中の者など）は，いっさいの所得分配にあずかれず，生存機会を奪われてしまうことになります。また，貢献能力の差異にもとづく所得格差は，短期的には公平なものであったとしても，長期的には資産の格差を生み出します。累積した資産は，不労所得の源泉になるとともに，その資産が次世代に引き継がれることになれば，所得分配の公正を担保するための出発条件の均等がもはや保障されなくなってしまいます。さらに，所得ならびに資産のあまりに大きな格差は，社会の分裂をもたらし，社会秩序の維持を困難にするといった問題も存在します。

2.5 市場での価値評価の限界

財・サービスの持っている多様な価値のうち，市場で評価されるのは，あくまでその経済的価値だけです。そのため，経済的価値以外の価値が市場ではなんら評価されず，このことから経済倫理に関わるさまざまな問題が生じてくることになります。ここでは，労働と消費の2つの側面からどのような問題が生じてくるのかを，見ておくことにしましょう。

企業は労働市場で労働者を雇用しますが，企業が労働者を雇用しようとするのは，労働者が生産手段として一定の生産性を持ち，企業に利益をもたらしてくれるからです。労働市場では，労働者の持つこの経済的価値しか評価されず，労働者自身の人間的価値についてはまったく評価されません。そのため，その人がいかに人間的に立派な人であったとしても，経済的には不遇の生活を送るということが生じてくることにもなります。また，人間を経済的価値でしか評価しないということになると，市場では，真・善・美・聖といった人間的な価値を軽視する傾向が生み出されることにもなってきます。

次に，市場では，消費者によって需要という形で評価される財・サービスしか供給されません。そのため，たとえば伝統品や伝統芸能のようないかに歴史的・文化的に価値あるものであったとしても，それが市場で評価されない限り，市場から排除され，すたれていくことになります。また，流行遅れになった商品は，まだ利用できるものであっても捨てられ，浪費や使い捨ての文化が生み出されることにもなります。さらに，消費者によって評価される財・サービスしか供給されないということは，逆にいえば，消費者によって評価される限りどのような財でも供給されるということになります。そのため，違法な薬物や武器などのように，その財・サービスがいかに倫理的に問題のあるような財であっても，市場で評価されれば，人びとの間に広まっていくことになります。

3 市場を支える倫理

市場は，ただ自由な取引を認めればその機能が実現されるというものではありません。市場は，倫理や規範によって支えられる必要があります。なぜなら，人びとの間に一定の倫理性がなければ，市場は機能することができないからです。

たとえば，「契約を遵守せよ」という倫理的規範を取り上げてみましょう。もし人びとがこの規範を守ろうとしなくなれば，信用取引を行うことはできなくなってしまうため，市場規模は大きく縮小せざるをえません。また，契約が実際に履行されるかどうかを監視し，人びとに契約を遵守させるための膨大な監視費用も必要になってきます。さらに，こうした状況の下では，信用にもとづく長期的な契約関係がもはや結ばれなくなるため，人びとはたえず交渉と契約を繰り返さなければなりません。経済学では，取引される財に支払われる費用ではなく，取引そのものを行うのに必要な費用のことを**取引費用**といいますが，交渉と契約を毎回繰り返すことになれば，きわめて大きな取引費用が発生することになります。これに対して，人びとの間に契約を遵守しようとする倫理的態度が存在する場合には，かれらの間に信頼関係が形成され，監視費用も取引費用も著しく軽減されることになります。

このように，市場が有効に機能するためには，人びとの間に一定の倫理的態度が必要とされます。それは，契約の遵守や所有権の尊重のような市場のルールを遵守することにとどまるものではありません。すでに述べたように，市場は，自由と自己責任を原則とする経済の枠組みですから，自由と自己責任の態度が人びとには求められます。また，今日では，自然環境や社会環境への配

Column ⑫ ソーシャル・キャピタル

信用や信頼は，個人がそれぞれにつくることのできるものではありません。社会の中で，人びとが共通の規範や価値観をどれくらい共有しているか，どのような人間関係のネットワークが形成されているか，そしてそれぞれの個人がどれくらい自発的に社会に関わりを持とうとしているかなどによって，徐々につくり出されていくものです。

これに関連して，近年，**ソーシャル・キャピタル**（社会関係資本）という概念が注目されています。ソーシャル・キャピタルという概念は，1980 年代に社会学で使用され始めた概念ですが，この概念の普及に大きな役割を果たしたのは，アメリカの政治学者，R. D. パットナムです。かれは，ソーシャル・キャピタルを，協調的な行動を促進させることによって社会の効率性を高めることができる，信頼，規範，ネットワークといった社会組織の特徴と定義しています（パットナム，2001）。

この定義からもわかるように，ソーシャル・キャピタルは倫理と密接に関わる概念ということができます。このソーシャル・キャピタルの考えは，その後，経済学の中にも取り入れられ，ソーシャル・キャピタルの蓄積量の差が経済パフォーマンスに違いをもたらすと考えられるようになってきています。このことは，経済倫理もまた，経済パフォーマンスに大きな影響を及ぼすということを意味しています。

慮といったことも求められるようになってきています。

このようなさまざまな倫理が，市場が有効に機能するためには必要とされます。そうした倫理の支えがなければ，市場は機能しなくなっていきます。それにもかかわらず，本書の第Ⅰ部で述べたように，現実には経済倫理を問われるさまざまな事件や不祥事が続出しています。それらの事件や不祥事に見られるように，人びとがみずからの経済的利益に囚われるあまり，倫理性を失っていくとすれば，それは，市場そのものを揺るがすことになるということを忘れてはなりません。

● おわりに

市場経済は，今日，日本だけでなく，世界経済の基本原則となってきています。それは，市場がさまざまな優れた機能を有しているからにほかなりません。市場は，経済的機能，経済社会的機能，社会倫理的機能という点で優れた機能を発揮すると期待されます。しかし，現実には，その優れた機能がつねに理想通りに実現されるわけではありません。その市場の限界として生じるさまざまな問題としては，市場の失敗，競争の不足，市場の不安定性，分配の限界，価値評価の限界があげられます。これらの問題を克服するためには，なんらかの政策的な対応が必要となりますが，それと同時に，市場を支える経済倫理も必要になってきます。

経済体制のあり方をめぐっては，さまざまな考え方が存在しますが，市場にはこのような優れた機能も限界もある以上，市場だけにすべてを任せることも，市場を全否定することも，やはり行きすぎといわざるをえません。必要なことは，市場の機能と限界をしっかりと理解したうえで，経済体制のあり方を考えていくことでしょう。

第8章

分配はどのようにあるべきなのか？

生活保護の相談窓口（写真提供：読売新聞社）

● はじめに

前章で述べたように，市場は，分配の公正という点で問題を抱えています。貧困や格差といった分配に関わる問題は，深刻な社会問題としてこれまでも捉えられてきましたが，2008年のリーマン・ショック以降，いわゆる格差問題としてあらためて世界的にクローズアップされてきています。日本でも，母子家庭の貧困，男女間の格差，さらには正規雇用と非正規雇用の格差など，分配に関わるさまざまな問題が深刻な社会問題になってきています。

本章では，こうした分配に関わる問題に焦点を当て，公正な分配とは何かについて考えていきたいと思います。そのために，以下ではまず，現在の日本における所得分配の状況がどのようになっているかを確認したうえで，分配の公正をめぐるさまざまな議論を紹介しながら，分配がどのようにあるべきかを考えていくことにしましょう。

1 所得分配の現状

1.1 所得の不平等度

経済学において，分配の不平等度を測る指数としてよく利用されるのが，ローレンツ曲線をもとにしたジニ係数です。ローレンツ曲線は，家計を所得の低い順に並べたときの世帯数の累積百分率を横軸に，社会の総所得に占める家計の所得の累積百分率を縦軸にとったときの，これら2つの比率の関係を示した曲線です。図8-1の曲線 OAC がローレンツ曲線を表しています。この曲線

図 8-1 ローレンツ曲線とジニ係数

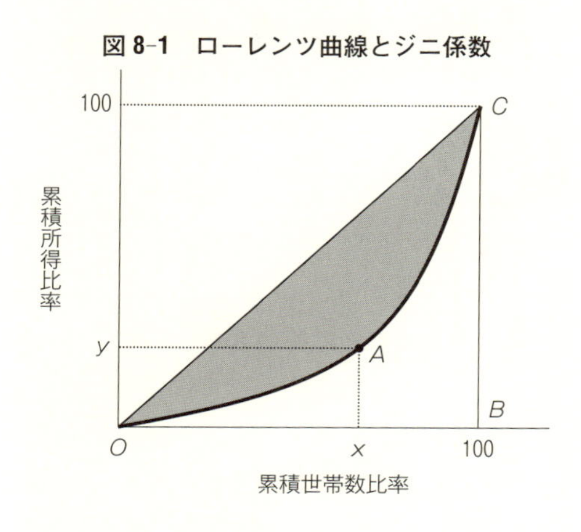

上の点，たとえば点 A は，下位 x% の家計が社会の総所得のうち y% を得ていることを示しています。ローレンツ曲線は，各家計の所得がまったく同額になるとき，したがって完全に平等な所得分配が実現されるときには，対角線 OC になります。これに対して，所得分配が不平等になるほど，ローレンツ曲線は，下方に湾曲するようになり（曲線 OAC），最終的に一つの家計だけが社会の所得すべてを獲得し，他のすべての家計の所得がゼロになるような完全不平等の場合には，OBC という直角の形になります。

ジニ係数は，対角線より下の三角形の面積（△OBC の面積）に占める，対角線とローレンツ曲線が囲む弓形の面積（図 8-1 の網かけの面積）の比率を示しています。したがって，完全平等の場合にはジニ係数はゼロになり，ジニ係数が大きくなるほど所得の不平等度は上昇し，完全不平等の場合には 1 になります。

図 8-2 は，日本のジニ係数の推移を示したものです。この図には，税や社会保障による所得再分配政策が実施される前の当初所

図 8-2　当初所得と再分配所得のジニ係数の推移

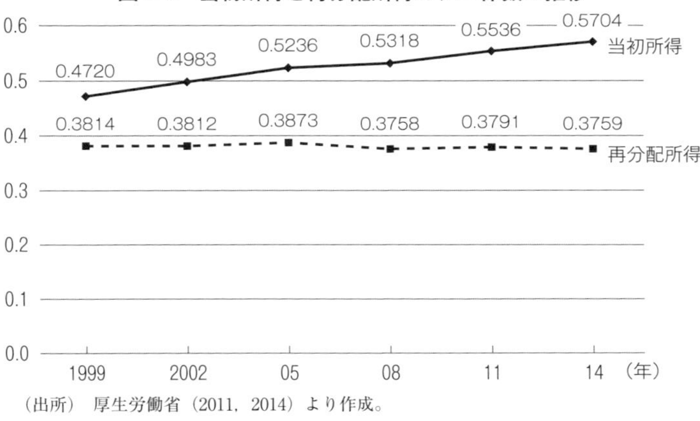

（出所）厚生労働省（2011，2014）より作成。

得のジニ係数と実施後の再分配所得のジニ係数が示されています。当初所得のジニ係数は，いわば市場による所得分配の不平等度を表していると見ることができます。図を見れば明らかなように，この不平等度は年々増加してきており，2014 年には 0.57 を超えています。これに対し，所得再分配政策を実施することで，ジニ係数が 0.38 前後に抑えられるように，所得の不平等度の改善が行われています。

1.2　相対的貧困率

ジニ係数は，所得の不平等度を数値で示すことはできますが，日本にどの程度の貧困が存在するのかを示すことはできません。貧困に関しては，絶対的貧困と相対的貧困という 2 つの概念があります。**絶対的貧困**というのは，生存するのに必要なものを確保することができないという貧困の状態を意味しています。日本を含む先進国では，この絶対的貧困ではなく，相対的貧困が貧困をめぐる議論の中心となっています。**相対的貧困**というのは，その社会での一般的な生活水準よりはるかに低い生活状態を意味しますが，統計的には，可処分所得（当初所得＋社会保障給付金－社会保険料－税金）の分布における中央値の 50% を相対的貧困の基準（相対的貧困線）としています。この貧困線を下回る人の割合が相対的貧困率です。ちなみに，2015 年の場合，相対的貧困線は年可処分所得 122 万円です。

表 8-1 は，1985 年以降の日本の相対的貧困率の推移を示しています。2012 年から 2015 年にかけて若干減少したとはいえ，傾向的にいえば，相対的貧困率も子どもの貧困率も上昇傾向にあります。また，相対的貧困率がとりわけ高いのが，母子家庭を中心とする「大人が 1 人で，子どもがいる世帯」であり，50% 以上が相対的貧困の状態での生活を強いられています。

表 8-1　相対的貧困率の推移　（単位：%）

年	相対的貧困率	子どもの貧困率	大人が 1 人で，子どもがいる世帯の貧困率
1985	12.0	10.9	54.5
1988	13.2	12.9	51.4
1991	13.5	12.8	50.1
1994	13.8	12.2	53.5
1997	14.6	13.4	63.1
2000	15.3	14.4	58.2
2003	14.9	13.7	58.7
2006	15.7	14.2	54.3
2009	16.0	15.7	50.8
2012	16.1	16.3	54.6
2015	15.6	13.9	50.8

（出所） 厚生労働省（2016a）より作成。

1.3 賃金格差

労働者の間にはさまざまな形での賃金格差が存在しますが，とりわけ問題となるのが，男女間の賃金格差ならびに正規雇用と非正規雇用の間の賃金格差です。図 8-3 は，日本におけるそれぞれの賃金格差の推移を表しています。男女間賃金格差は，男性の平均賃金を 100 としたときの女性の平均賃金の値を表し，また正規・非正規間賃金格差は，正社員の平均賃金を 100 としたときの非正規社員の平均賃金の値を表しています。

まず，男女間の賃金格差から見ていくことにしましょう。男性と女性の間には，賃金格差の問題だけでなく，募集や採用，待遇面などでさまざまな格差が存在しています。そのため，1985 年に男女雇用機会均等法が成立し，男女間の格差解消への取り組み

図 8-3　男女間賃金格差および正規・非正規間賃金格差の推移

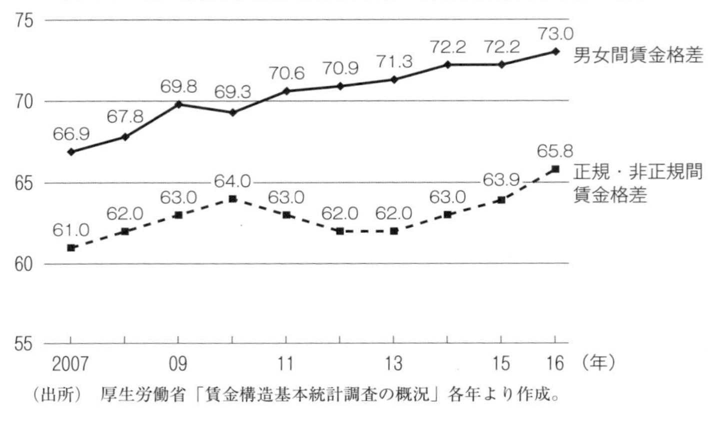

（出所）厚生労働省「賃金構造基本統計調査の概況」各年より作成。

が進められてきています。図を見ればわかるように，賃金格差に関しても，男女間の格差は，少しずつ解消されてきています。それでも，2016 年でいえば，女性の平均賃金は，男性の平均賃金の 73.0% にとどまり，依然として格差が存在しています。

次に，正規・非正規間の賃金格差の問題ですが，第 4 章ですでに説明したように，日本の労働市場の変容にともない，非正規雇用の労働者が性別に関係なく増大してきています。図に示されるように，正規・非正規間の賃金格差は少しずつ改善されてきていますが，2016 年の非正規雇用の平均賃金は，正規雇用の平均賃金の 65.8% にとどまっています。また，正規雇用では年齢とともに賃金が上昇する傾向にありますが，非正規雇用の場合，賃金にほとんど変化がありませんので，両者の格差がもっとも開く 50〜54 歳の年齢では，非正規労働者は，正規雇用の賃金水準の約 5 割程度の賃金しか得ることができません。また，賃金だけでなく，ボーナス，各種の手当，福利厚生などに関しても，正規・非正規の間には格差が存在しています。現在，進められている働き方改革において，**同一労働同一賃金**の実現が強く求められているのも，こうした待遇面でのさまざまな格差が正規・非正規の間に存在しているからにほかなりません。

さらに，低所得の非正規労働者の拡大にともない，いわゆるワーキングプアの問題も生じてくることになります。ワーキングプアというのは，働いているにもかかわらず，最低生活費以下の収入しか得られない人びとのことを意味します。経済学者の戸室健作は，世帯のおもな収入が就業によっている世帯のうち，最低生活費以下の収入しか得ていない世帯の割合をワーキングプア率と定義し，その推計を行っています（戸室，2016）。それによれば，ワーキングプア世帯数は，1992 年の 133 万世帯から 2012 年には 2.4 倍の 320 万世帯になり，ワーキングプア率は 4.0% から 9.7% に高まったとされています。

2 分配の公正

2.1 貢献原則にもとづく所得分配

前節で述べたように，日本の所得分配の状況には，さまざまな不平等や格差が存在します。こうした不平等や格差を是正するために，さまざま政策が実施され，**結果の平等**や**機会の平等**がはかられることになります。結果の平等というのは，分配の結果である所得水準そのものを平等化することを意味し，機会の平等というのは，所得を獲得するための機会を平等化することを意味します。しかし，ここで注意しなければならないことは，不平等や格差があるからといって，ただちにその所得分配の状況を不公正と見なすことはできないということです。なぜなら，どのような分配を公正と見なすかに関しては，異なった考え方が存在しているからです。

第7章で述べたように，一般に，所得分配の公正に関する原則としては，「貢献原則」と「必要原則」の2つの考え方があります。**貢献原則**というのは，財・サービスの生産への各人の貢献度に応じた所得分配を公正と見なす分配原則です。働く人の立場に立った場合，頑張って働いている人もサボっている人も同じ所得になるとしたら，こんな不公正なことはありません。したがって，貢献原則は，働く人の価値観に合致した分配原則ということができます。また，この原則の場合，働く人は働けば働くほど報われるため，人びとの労働意欲を高めることにもつながります。

もちろん，貢献能力にもとづいて所得分配が行われるとき，各人の貢献能力に差があれば，所得分配には格差が生じます。この格差は，それが純粋に各人の努力による貢献度の違いによってもたらされたものである限り，公正なものと見なすことができるでしょう。しかし問題となるのは，そうした貢献度の違いによらない格差，すなわち，機会や待遇が均等に与えられていないことによって生じる格差です。たとえば，先に見た男女間での雇用機会や賃金の格差，正規・非正規の間の待遇面での不合理な格差，あるいは子どもの貧困を背景とする子ども世代での教育格差などが，それです。こうした格差を是正するためには，教育や雇用に関わる機会や待遇を均等に保障する政策が必要になってきます。そのため，貢献原則に依拠した分配政策では，結果的に所得分配の平等化がはかられるとしても，直接的に結果の平等が目指されるのではなく，機会の平等を保障することに重点が置かれることになります。

2.2 貢献原則の問題点

貢献原則は以上のような特徴を持っていますが，同時に，いくつかの点で大きな問題も抱えています。ここではとくに4つの問題点を指摘しておくことにしましょう。

第1に，貢献能力の差にもとづく所得格差は，短期的には公正なものであったとしても，長期的には資産の格差を生み出すことになります。累積した資産は不労所得の源泉になるとともに，その資産が次世代に引き継がれることになれば，次世代の人たちの間で出発条件の不平等が生じることになります。各人の出発条件が違えば，市場で実現される所得分配はかれらの貢献度に応じた公正な分配ということはできません。そのため，所得の再分配は不必要であったとしても，なんらかの形で資産の再分配を行うことが必要になります。

第2に，貢献原則の下では，貢献能力を持たない者（たとえば，障害者，高齢者，幼児など）や貢献機会を奪われた者（たとえば，失業者，病気療養中の者など）は，所得分配にあずかることができません。こうした人たちすべてをそのままに放置し，かれらに生存機会が与えられないのを認めるようなことは，倫理的に見て現代社会では考えられません。

第3に，貢献原則は，ある人がどれだけの被扶養者を抱えているのかを考慮しません。そのため，扶養すべき親や子どもを多く抱えている家庭ほど，生活水準は低下することになります。こうした事態を避けるためには，結婚や出産を控える必要がありますが，そうなると，少子化が進んでいかざるをえません。

第4に，所得ならびに資産のあまりに大きな格差は，社会の分裂をもたらし，社会秩序の維持を困難にします。2008年のリーマン・ショックを契機とした格差問題の深刻化の中で，格差是正を求めるデモが世界的に広がりましたが，こうした動きは，まさに社会分裂の危険性の兆候を示しているということができます。

2.3 必要原則にもとづく所得再分配

貢献原則にはこのような問題点があることから，貢献原則にもとづく所得分配に対しては，なんらかの形で必要原則に立った修正がはかられる必要があります。**必要原則**というのは，各人がその社会の一員としてふさわしい生活を営めるように，その必要に応じて所得を分配するのが公正だと考えるものです。したがって，この原則に依拠した場合，所得再分配政策を通じて，結果の平等が直接的に目指され，それによって貧困の克服と所得分配の平等化がはかられることになります。

所得再分配政策としては，社会保障と税という2つの仕組みを通じた政策があります。年金給付，失業給付，生活保護費の支給などが，社会保障の仕組みを通じた所得再分配の政策です。また，高所得者には高い税率の税を課す累進所得税や，最低限の生活に必要な所得を課税所得から差し引く基礎控除などは，税の仕組みを通じた所得再分配の政策となります。**1.1**節で述べたように，こうした社会保障および税政策によって，日本ではジニ係数が0.38前後に抑えられています。

もちろん，貢献原則をまったく無視して，必要原則にのみ依拠した所得分配を行うことは，これもまた大きな問題があります。なぜなら，必要原則は，生産への貢献とのつながりを断ち切られているために，勤労への誘因を弱めることになるからです。一般に「効率と平等のトレードオフ」といいますが，あまりに結果の平等を追い求めすぎると，効率性を阻害し，社会全体としてのパイが縮小するという結果になってしまいます。

以上のことからわかるように，貢献原則と必要原則にはそれぞれ長所もあれば短所もあり，いずれか単独では望ましい分配制度を基礎づけることはできません。必要なのは，これら2つの原則

Column ⑬　生活保護制度の問題

日本では，生活に困窮するすべての国民に対し，健康で文化的な最低限度の生活を保障するために**生活保護制度**が設けられています。生活保護制度では，最低生活費と収入を比較して，収入が最低生活費に満たない場合に，最低生活費から収入を差し引いた額が，生活保護費として支給されます。生活保護を受ける世帯数は年々増加し，2000 年の約 75 万世帯（1 か月平均）から 2014 年の約 161 万世帯へと倍以上に増えています（厚生労働省，2016b）。また，2000 年代以降，不況の影響により，高齢者，障害者，母子家庭といった貧困に陥りやすい世帯以外の世帯にも生活保護受給世帯が広がってきています。

貧困に対する「最後のセーフティネット」とされる生活保護制度ですが，いくつか大きな問題が存在します。ここでは，2 つの問題点を指摘しておくことにしましょう。まず，**捕捉率**の問題があります。捕捉率というのは，収入が最低生活費以下しかない世帯のうち生活保護を受けている世帯の割合を意味します。従来からヨーロッパの国々に比べて日本の捕捉率は低いといわれてきました。本文で紹介した戸室の推計によれば，2012 年の捕捉率は 15.5% とされ（戸室，2016），この推計が正しければ，最低生活費以下の収入しか得ていない世帯の 8 割以上の世帯が生活保護を受給することなく生活していることになります。

もう一つの問題は，生活保護受給者のスティグマの問題です。生活保護受給者は，一般にみずからを他者よりも劣った存在と見なす傾向があります。そのため，生活保護制度は，たしかに経済的には受給者の最低限度の生活を保障するものですが，その運用の仕方を誤ると，精神的に受給者の尊厳を傷つけ，かれらの人格を貶（おとし）める制度と化す危険性があります。

をともに考慮し，私たちが公正だと考える所得分配を実現することにあります。このことは，分配の平等という視点でいえば，機会の平等だけでなく，結果の平等も目指される必要があるということを意味します。経済倫理学においては，こうした分配の平等を基礎づけるさまざまな議論が存在しています。その代表的な議

論を次に紹介することにしましょう。

3 分配の平等をめぐる理論

3.1 功利主義

功利主義というとみなさんは，「最大多数の最大幸福」という言葉を思い出すのではないでしょうか。これは，功利主義の祖とされるイギリスの経済学者，J. ベンサムが「最大幸福の原理」という言葉を用いたことによって知られるようになったものです。このベンサムやかれの継承者であるJ. S. ミルに代表される功利主義というのは，行為や規則の正・不正をそれが社会全体の幸福，経済学的にいえば**社会的厚生**を増大させるかいなかにもとづいてのみ判断しようとする考え方です。行為や規則の正・不正をその結果のみにもとづいて判断するという考え方を倫理学では**帰結主義**といいますが，行為や規則がもたらす社会全体の幸福という結果のみにもとづいて正・不正の判断をする功利主義は，まさに帰結主義の代表的な立場です。

この社会全体の幸福は，各個人の幸福から構成されますが，ベンサムやミルのような19世紀の古典的功利主義者は，各人の幸福を快楽，不幸を苦痛と捉えています。そのため，幸福を増加させることは，快楽を増加させることと同義になり，快楽の増加が望ましいということになります。これが**快楽主義**と呼ばれているものです。現在の功利主義では，幸福や厚生は，快楽と苦痛という形ではなく，経済学で用いる効用と不効用というタームで捉えられていますが，いずれにしても，こうした各個人の快楽ないし効用にもとづいて計算される社会全体の幸福ないし社会的厚生を増大させるような行為や規則が，正しい行為ないし規則と判断されることになります。

この功利主義の考えにもとづいて，分配の平等を経済倫理的に根拠づけようとしたのが，イギリスの経済学者，A.C.ピグーです。ピグーの主張を簡単に説明すれば，次のようなものになります。いま，社会には豊かな人と貧しい人しかいないと考えます。その際，豊かな人が1000円を失うことによって失う効用は，貧しい人が1000円を得ることによって得られる効用よりも小さいと考えることができます。そのため，豊かな人から貧しい人に1000円の所得再分配を行えば，2人の効用の総和である社会的厚生は増加することになります。社会的厚生が増加するのですから，この所得再分配は望ましいと判断されます。こうした考えから，功利主義の立場にもとづけば，社会的厚生が増大する限り，豊かな人から貧しい人への所得再分配を進めるべきだということになります。

3.2 ロールズの正義論

この功利主義とは別の考え方にもとづいて分配の平等をめぐる問題にアプローチしたのが，アメリカの社会哲学者，J.ロールズです。かれの議論は**正義論**として知られていますが，その議論がどのようなものなのか，見ていくことにしましょう（ロールズ，2010）。

ロールズは，みずからの正義論の中で，公平な分配のルールがどのようなルールなのかを人びとの合意にもとづいて明らかにしていこうとします。人びとが分配のルールを決めようとする際，各人は，できる限り自分に有利なルールになるように交渉を行おうとするはずです。しかし，それではたんに対立する意見の闘いになるだけで，その闘いの結果として得られたルールを公平なものと見なすことはできません。

そこで，ロールズは，**無知のヴェール**と呼ばれる仮説的な状態に身を置くよう，各個人に要求します。無知のヴェールというのは，自分が男性なのか女性なのか，どのような能力を持っているのか，どのような家庭環境にあるのか，社会的に恵まれた状況にあるのかそれとも恵まれない状況にあるのかなど，いわば自分が何者であるのかについての情報が，ヴェールをかけられることで，いっさい遮断された状態を意味します。この状態の下では，各人は，ヴェールがはずされたとき，たとえ自分が最悪の状況に置かれていることがわかったとしても，その結果を尊重できるようなルールを選択するはずです。ロールズは，こうした最悪の状況に置かれている人の身になって考えたうえで合意されたルールこそ，公平なルールだと考えます。

このような基本的考えにもとづいて，ロールズは，公平な分配のルールが満たさなければならない原則を導き出します。それが**正義の二原理**として知られているものです。**第一原理**は，人間の基本的権利，とりわけ自由権をすべての人に平等に分配（保障）すべきであるというものです。ある特定の人種には自由権を与えないというルールを考えてみましょう。無知のヴェールの状況の下では，各人は，ヴェールがはずされたとき，自分がその人種であるかもしれないということを考えざるをえません。そのため，そのような不平等な権利分配のルールに，人びとが合意することはないということになります。

第二原理は，社会的・経済的不平等があったとしても，その不平等が社会的に許されるための条件を明らかにしたものです。ロールズは，その条件として２つの条件をあげます。それが，①機会の平等の保障，②もっとも貧しい人びとの生活を最大限に改善する所得再分配の実施という条件です。

まず，第１の条件が必要とされることを理解するために，会社の社長と社員を例に考えてみましょう。社長と社員では，当然，その職務内容，必要な能力，また，それにともなう責任が違います。そのため，たとえ無知のヴェールの下で自分が社長なのか社員なのかわからなくても，各人は，社会的地位にともなう給与や待遇などの面で，両者の間に不平等が存在したとしても，それに合意することができます。しかし，平社員から係長へ，さらに部長へ，そして重役から社長へと昇進する機会が，たとえば性，身分，人種などを理由として平等に与えられていないとしたら，そうした不平等に合意することはできないはずです。こうした考えにもとづいて，ロールズは，機会の平等がすべての人に保障される限りにおいて，社会的地位にともなう不平等は許されると主張します。

次に，第2の条件を理解するために，いま一度，無知のヴェールの状況を考えてみましょう。所得分配の公平なルールについて考えるにあたって，無知のヴェールの下に置かれている人は，ヴェールがはずされたとき，自分がもっとも貧しい状況に置かれているかもしれないということを考慮せざるをえません。そのため，もっとも貧しい人であっても，きちんとした生活を送ることができるように，できる限りの所得水準が所得再分配を通じて保障されるのでなければ，その所得分配の状況に人びとは合意することができないはずです。こうした考えにもとづいて，ロールズは，もっとも貧しい人びとの生活を最大限改善するように，所得の再分配を進めるべきだと主張します。この所得再分配の原理が，いわゆる**格差原理**として知られているものです。

3.3 能力の平等

功利主義にしろ，ロールズの正義論にしろ，所得の再分配によって結果の平等を一定程度はかり，貧困をなくしていくことが求められます。しかし，近年，この貧困の問題に対して，能力の平等ともいえる新たな視点から取り組んでいこうとする議論が注目されてきています。その代表的論者がインド出身で，1998 年にノーベル経済学賞を受賞した A. センです。センによれば，所得のみに焦点を当てて貧困の問題を捉えることはできないとされます。なぜなら，所得があったとしてもその人が病気がちであったとすれば，その人は，手段である所得を生かすことができず，豊かな生活を送っているとはいえないからです。こうした考えにもとづいて，センは，所得や財を手段としながら，人びとがみずからの価値ある人生においてやりたいことや，なりたいことを可能にする能力，すなわちケイパビリティ（潜在能力）を高めることが，本当の意味で貧困を克服し，また，人びとの自由の実現につながると主張します（セン，2000）。

センのケイパビリティの考えは，UNDP（国連開発計画）の人間開発の基本理念として取り入れられています。この基本理念では，人間にとってもっとも基本的なケイパビリティとして，「長寿で健康な人生を送ること」，「知識を獲得すること」，「適正な生活水準を保つために必要な資源を入手すること」，「地域社会における活動に参加すること」の 4 つがあげられ，それらのケイパビリティを高め，「各々にとって価値ある人生を全うすることを人々に可能とする，選択肢の拡大」に取り組むことが世界中の国々に求められています（UNDP 駐日代表事務所ホームページ）。また，UNDP は，各国の人間開発の状況を示すために，ケイパビリティをいくつかの指標を用いて測り，それらの指標を用いて算出された人間開発指数を毎年，発表しています。ちなみに，2015 年の指数では，1 位がノルウェー，2 位がオーストラリアとスイスで，日本は 17 位となっています（UNDP, 2017）。

こうしたケイパビリティの考えは，経済発展の低い国々の貧困問題を考える場合にのみ有効なものではなく，日本のような先進国における貧困の問題，とりわけ子どもの貧困の問題を考えるうえでも重要な視点を提起してくれます。なぜなら，貧困家庭で育った子どもたちには，健康や教育といったケイパビリティに関わる面でも大きな格差が存在しているからです。したがって，子どもの貧困の問題を本当の意味でなくしていくためには，経済的支援だけでなく，医療や栄養などの健康面や義務教育にとどまらない教育面でのさまざまな支援を通じて，子どもたちのケイパビリティの形成をはかる必要があるということができます。

● おわりに

日本は豊かな国になったといわれていますが，そこには，男女間や正規雇用と非正規雇用の間の格差，母子家庭の貧困問題など，依然として分配の不平等に関わるさまざまな問題が存在しています。これらの問題を解決するためには，分配の原則として貢献原則と必要原則のいずれかの原則を重視するのではなく，両方の原則を取り入れ，公正な所得分配を実現していく必要があります。

貢献原則にもとづく所得分配は，たしかに所得分配の不平等をもたらしますが，働く人の価値観に合致し，労働意欲を高めることにもつながります。しかし，貢献度の違いによらない格差，すなわち機会や待遇が均等に与えられていないことによって生じる格差は是正されなければなりません。また，貢献原則の下では，所得分配から排除される人が現れたり，長期的な資産格差がもたらされたりするなど，分配の公正に関わるさまざまな問題が生じてきます。

これらの問題を克服するためには，必要原則にしたがって，所得の再分配を実施する必要があります。所得再分配を通じて，所得の平等化を進めることは，功利主義やロールズの正義論においても，経済倫理的に正当化されています。ただし，所得の再分配だけで，問題がすべて解決されるわけではないことには注意する必要があります。センのケイパビリティの議論で示されたように，人びとがみずからの価値ある人生においてやりたいことや，なりたいことを可能にする能力を高めていくことが，本当の意味で貧困の克服につながっていきます。そのためには，所得再分配を通じた経済的支援だけでなく，健康や教育などさまざまな面での支援が必要となることを忘れてはいけません。

第**9**章

福祉国家はなぜ必要とされたのか？

世界大恐慌　銀行に押しかける預金者
（1929年10月24日，アメリカ，写真提供：AFP＝時事）

● はじめに

序章で述べたように，日本を含む「西側」の先進各国は，第2次世界大戦後，福祉国家体制といわれる経済体制を構築してきました。しかし，この体制をこれまで通りの形で維持することは，もはや不可能になってきています。そのため，経済体制それ自体のあり方をあらためて問い直し，福祉国家体制を今後どのようにすべきかを考えていく必要があります。本章から第11章までの3つの章では，この課題に取り組んでいきたいと思います。

まず本章では，福祉国家体制を大きな歴史的流れの中に位置づけたうえで，時代の転換をもたらした思想的基盤にまで踏み込みながら，福祉国家誕生から今日にいたるまでの歴史的経緯を振り返ることにします。そのため，本章は，歴史的な考察が中心になりますが，その考察を通じて，福祉国家がなぜ必要とされたのかを明らかにするとともに，政府の役割をめぐるさまざまな議論について見ていくことにしましょう。

1 資本主義体制の成立と破綻

1.1 資本主義体制の成立と古典的自由主義

福祉国家体制がどのようにして誕生してきたのかを見ていくためには，その誕生の背景となった**資本主義体制**の歴史をあらかじめ押さえておく必要があります。資本主義体制は，18 世紀に市民革命を通じて**絶対主義体制**が打倒されることによって成立してきた体制です。絶対主義体制というのは，絶対的な権力を持った国王を中心に築かれた中央集権型の国家体制のことですが，その体制の下では，政治的自由も経済的自由も市民には与えられていませんでした。こうした抑圧の体制の中に置かれていた市民階級が立ち上がり，**市民革命**を成し遂げることになります。その際，かれらの理論的な武器となったのが，古典的自由主義の思想です。

古典的自由主義は，イギリスの哲学者，J. ロックに代表される**近代自然権思想**を基盤としています。近代自然権思想によれば，人間には生まれながらにして絶対不可侵の権利，すなわち**自然権**が与えられており，この自然権はたとえ国王によっても奪われることはないとされます。古典的自由主義の論者たちは，この近代自然権思想の考えに依拠し，自然権として，とりわけ**自由権**と**私有権**を強調します。すなわち，経済という側面に焦点を当てていえば，誰もが市場において自由に経済活動を行い，その活動を通じて得られた成果を自分のものとする権利を自然権として与えられているとされます。しかも，古典的自由主義の代表的論者である A. スミスが明らかにしたように，市場での各人の自由な経済活動は，市場の「見えざる手」に導かれて，国の富を増大させ，人びとの生活を豊かにすることになります。

市場がこのような望ましい結果をもたらす以上，政府は，市場経済に介入してはならず，すべてを各人の自由な経済活動に委ねなければなりません。古典的自由主義のスローガンとして，レッセ・フェール（自由放任）という言葉が掲げられたのも，そのためです。

古典的自由主義によれば，政府は，各人の自然権が他国ないし他者によって侵害されないように国防や治安の維持に取り組むこと，および市場では供給不可能な一部の公共事業を実施すること，これらのことをすればそれでよいとされます。このような国家のあり方は**夜警国家**とも呼ばれています。

こうした古典的自由主義を思想的基盤として資本主義体制が成立したことからわかるように，資本主義体制は，基本的に次のような３つの特徴を持つといえます。第１に，近代的な法体系が資本主義体制を支える法的基盤となります。すなわち，自由権と私有権が憲法上の基本権として万人に平等に保障されるとともに，民法や商法などの法の整備を通じて，人びとは市場において自由に経済活動を行うことができるようになります。第２に，経済体制それ自体の枠組みの特徴という点からいえば，資本主義体制は，所有制に関しては私有制を，需要と供給の調整方式に関しては市場経済を基礎に置く経済体制ということができます。第３に，資本主義体制の下での政府の役割は，国防や治安の維持および一部の公共事業に限定され，経済の動きは，基本的に市場に委ねられることになります。

1.2 資本主義体制の限界

18 世紀の市民革命を通じて資本主義体制を確立していった西欧の国々は，産業革命の進展もあり，19 世紀に入ると未曾有の経済発展を遂げることになります。古典的自由主義が期待した市場経済の光の側面が現実のものとなったということができます。ところが，その一方で，古典的自由主義が予期しなかった2つの深刻な経済社会問題が資本主義体制を襲うことになります。

その一つが，**労働者問題**の発生と深刻化です。先に述べたように，資本主義体制の下では，自由権と私有権が万人に対して平等に保障され，たしかに形式的には平等が実現されたということができます。しかし，そのことは，実質的にも平等が実現されたことを意味するわけではありません。むしろ，生産手段の私有制の下では，機械や工場などの資本を所有する**資本家階級**（ブルジョアジー）と，資本を持たずみずからの労働力を売るしか生活することのできない大量の**労働者階級**（プロレタリアート）が生み出されることになります。資本家階級は富を蓄積し，豊かな生活を享受する一方で，労働者階級は，劣悪な労働条件の下で働かされ，困窮した過酷な生活を強いられていきます。古典的自由主義が期待したような豊かな生活は，一部の人びとにしか実現されず，大多数の人びとにとっては幻想にすぎないことが明らかになったということができます。

こうした労働者問題に加え，もう一つ深刻な問題となったのが，経済の不安定性の問題です。第 7 章で説明したように，市場経済である以上，景気の変動を避けて通ることはできませんが，19 世紀から 20 世紀前半にかけてこの変動がきわめて激しい形で起きることになります。すなわち，1825 年に資本主義体制の下で最初の恐慌が確認されて以降，1929年の世界大恐慌にいたるまで，ほぼ10年周期で恐慌が繰り返し発生することになります。そのたびに，大量の失業者が長期にわたって街にあふれかえり，人びとは苦しい生活を強いられます。古典的自由主義は，市場経済が調和をもたらすと信じていたわけですが，その信頼は，激しく変動する経済の動きによって明確に否定されたことになります。

1.3 社会主義運動の激化とマルクスの共産主義

資本主義体制の下での以上のような深刻な経済社会問題の出現は，階級対立を先鋭化させ，それにともない社会主義運動も激化していくことになります。そのような中で，**マルクス主義**として知られる社会主義思想を展開し，革命を通じて資本主義体制を打倒しようとしたのが，ドイツの経済学者，K. マルクスです。

マルクスによれば，生産手段の私有制こそが階級支配の根源だとされます。なぜなら，生産手段の私有制の下では，その時代の経済の中心的な生産手段を所有している人びとの手に富が集中し，かれらが支配階級となり，その生産手段を所有していない人びとを支配するようになるからです。資本主義体制でいえば，資本を所有する資本家階級が支配階級となり，資本を所有しない労働者階級を支配することになります。また，市場経済は，何度も繰り返される恐慌に示されるように，調和のとれた状態を実現するものではないとされます。

こうした考えを基礎に，マルクスは，**共産主義体制**こそ理想の経済体制だと主張します。マルクスによれば，共産主義体制の下では，私有制は廃止され，生産手段はすべて共有となります。私的所有が存在しないわけですから，支配・従属の階級関係もなくなります。また，経済は，政府の計画にしたがって需要と供給のバランスがとれるように運営されます。こうして，共有制と計画経済にもとづく共産主義体制の下では，労働者は階級支配から解放され，市場の不安定な動きにほんろうされることなく，本当の意味での自由と平等を手に入れることができるようになるというのです。マルクスは，このような共産主義体制を実現するために，1848年，F.エンゲルスとともに著した『共産党宣言』を通じて，資本主義体制を打倒するよう世界中の労働者に訴えました。

マルクスが目指した共産主義体制は，1917年のロシア革命で現実のものとなります。さらに，第2次世界大戦後は，東欧諸国や中国などにも共産主義体制が広がり，東西冷戦と呼ばれるように，世界を二分する勢力になっていきます。しかし，共産主義体制の現実は，マルクスが期待したようなものではありませんでした。人びとは，本当の意味での自由と平等を手に入れるどころか，国家統制の下で自由を奪われ，また計画経済はきわめて不効率な経済であることも明らかになります。その結果，1989年の東欧革命によって，少なくともヨーロッパにおいては，共産主義体制は崩壊していくことになります。

1.4 労働者保護政策と社会保険の誕生

資本主義体制が限界を露呈し，社会主義運動も激化してくる中で，各国の政府は，何も対策を講じなかったわけではありません。むしろ，社会主義運動を抑え，体制を維持するために，19世紀には労働者問題に対する対策が進展していきます。まず，1830年代からイギリスにおいて，労働者保護政策が本格的にとられるようになります。その出発点となったのが，1833年の工場法です。この工場法では繊維産業を対象に年少労働者の労働時間の制限や9歳未満の児童労働の禁止などが行われました。それ以降イギリスでは，工場法の改正を通じて，労働時間や職場環境などの労働条件を規制し，労働者を保護する政策が推進されていきます。こうした工場法は，イギリス以外の国々でも導入されていきますが，日本で工場法が取り入れられるのは，1911 年のことになります。

このように，労働者の身体的保護は，工場法の制定を通じて進められていきます。しかし，工場法は，労働者の生活保障にまで踏み込むものではありませんでした。この労働者の生活保障に最初に乗り出したのが，ドイツです。ドイツでは，イギリスに追いつくために急速に工業化を進めた結果，労働者問題がきわめて深刻な社会問題となり，労働者運動も激化することになります。これに対処するために宰相 O. v. ビスマルクによってとられたのが，いわゆる「飴と鞭の政策」です。ビスマルクは，一方において社会主義者鎮圧法を制定し，労働者による社会主義運動を取り締まりましたが，他方では労働者の不満を緩和するために，一連の社会保険制度を導入していきます。1883 年に世界最初の社会保険である疾病保険（医療保険）が導入され，続いて 1884 年には災害保険（労災保険）が，そして 1889 年には障害・老齢保険（年金保険）が導入されることになります。

こうして医療，労災，年金の各社会保険が誕生し，さらに失業保険は，1911 年にイギリスで誕生することになります。これらの社会保険は，その後，ヨーロッパ各国で導入されていくことになります。日本でも 1922 年に健康保険，1941 年に労働者年金保険が導入されますが，労災保険と失業保険が誕生するのは第 2 次世界大戦後の 1947 年のことになります。

以上のような労働者保護政策や社会保険の誕生は，政府による市場経済への介入の出発点をなすものとして，歴史的に重要な意味を持っています。しかし，その取り組みは，あくまで労働者問題に対する対策にとどまり，国民全体を対象とした生活保障にまで踏み込むことはありませんでした。また，経済の不安定性の問題への対策は進まず，その結果，1929 年，世界大恐慌が発生することになります。各国は，この恐慌から抜け出すために，統制経済化を進め，ついには破滅的な第 2 次世界大戦へと突き進んでいきます。これにより，戦前の資本主義体制は，完全に破綻したということができます。

2 福祉国家体制の誕生

2.1 福祉と福祉国家

福祉国家誕生の経緯に入る前に，福祉という言葉の意味をあらかじめ確認しておくことにしましょう。みなさんは，福祉というと何を思い浮かべるでしょうか。おそらく多くの人は，社会福祉をイメージされて，高齢者や障害者，母子家庭といった社会的に弱い立場にある人たちへのさまざまな支援やサービスを思い浮かべられるのではないでしょうか。もちろん，こうした社会的弱者や貧困者に対する支援やサービスは，福祉の意味の一つですが，福祉にはもう少し広い意味もあります。このことを少し説明することにしましょう。

福祉という言葉は，「福」と「祉」という漢字から構成されていますが，どちらも幸せという意味の漢字です。したがって，福祉という言葉それ自体は，幸福を意味しています。英語のウェルフェア（welfare）の訳語として一般に福祉という言葉が使われますが，ウェルフェアにも幸福という意味があります。ただし，ウェルフェアには，「厚生」というもう一つ別の訳語が存在します。厚生労働省の厚生です。厚生労働省は，英語では Ministry of Health, Labour and Welfare と表記されますが，この場合のウェルフェアには厚生という言葉が当てられています。経済学にもwelfare economicsという分野があり，一般的には厚生経済学と呼ばれています。この厚生という言葉は，中国の経典に由来するもので，生（人びとの生活）を厚く（豊かに）することを意味します。ウェルフェアというのも，ウェル（well：よい）とフェア（fare：やっていく，暮らす）から成り立っていますので，まさに「人びとのよき暮らし」ですから，厚生，すなわち人びとの生活を豊かにすることという意味になります。

福祉国家という言葉は，英語のウェルフェア・ステイト（welfare state）の訳語として登場したものです。このウェルフェアを福祉と訳したわけですが，ここでいうウェルフェアというのは，社会的弱者への支援やサービスという狭い意味に限定されるのではなく，より広く，国民の生活を豊かにすることという厚生の意味で用いられています。したがって，この場合の福祉というのは，国民の豊かな生活を意味し，そうした豊かな生活を国民にもたらそうとする国家の枠組みが福祉国家ということになります。

2.2 『ベヴァリッジ報告』と『雇用政策』

このような意味合いを持つ福祉国家の理念が誕生したのは，第2次世界大戦中のイギリスにおいてです。イギリスでは，福祉国家という言葉が1930年代から使われ始めますが，イギリス国教会の指導者であったW.テンプルが1941年に国民の福祉を追求する国家を示すものとして「福祉国家」を掲げたことで，ナチスドイツの目指す「戦争国家」（warfare state）に対抗する国家理念として，福祉国家という言葉が急速に広まったとされています。

このイギリスの福祉国家の具体的構想を示したのが，戦時中に作成された2つの報告書です。その一つが，W.H.ベヴァリッジによって作成された1942年の『ベヴァリッジ報告』（正式名称は，

『社会保険および関連サービス』）です。この報告書において，ベヴァリッジは，それまでばらばらに存在した各種社会保険を包含し，**社会保障**という統一的概念の下，すべての国民に最低限の生活水準，いわゆる**ナショナル・ミニマム**を政府の責任において保障するという社会保障の理念を提示します。この社会保障の理念を実現するために，ベヴァリッジは，社会保険を中心とし，**公的扶助**（日本の生活保護に当たります）によってそれを補完する社会保障制度を整備するように求めます。『ベヴァリッジ報告』でのこの提言は，戦後，ほぼそのままの形でイギリスにおいて実現されることになります。

もう一つの報告書は，1944 年に発表されたイギリスの政府白書『**雇用政策**』です。この白書は，それまで有効な対策がとられることのなかった経済の不安定性の問題に対して，戦後，イギリス政府が断固として取り組むことを宣言した白書です。すなわち，この白書において，イギリス政府は，**完全雇用**の達成と維持を戦後のイギリス政府の達成すべき政策目的として掲げ，この目的を達成するために，J. M. ケインズによって提起された**総需要管理政策**（**ケインズ政策**とも呼ばれます）を実行することを宣言します。

ケインズによれば，政府が市場経済に介入せず，市場での人びとの自由な経済活動にすべてを委ねていたのでは，周期的に発生する恐慌をくい止めることはできません。恐慌の発生をくい止め，経済を安定的に推移させるためには，政府が経済全体の総需要の水準をコントロールする必要があります。すなわち，景気が後退し，恐慌に陥りそうなときには，減税，政府支出の拡大，金融緩和などによって総需要を刺激することで景気の悪化をくい止め，逆に景気が過熱しそうなときには，増税，政府支出の縮小，金融引き締めなどによって総需要を抑制することで景気の過熱を抑えていかなければなりません。政府白書『雇用政策』は，イギリス政府がまさにこのケインズの考えを受け入れたことを意味しています。

2.3　福祉国家の誕生

これら2つの報告書を通じて，福祉国家の具体的な姿が示されたことになります。ここで注意しておいてほしいことは，ベヴァリッジもケインズも，市場経済に問題があるからといって，マルクスのように資本主義体制そのものを否定し，共産主義体制へ転換しようとはしなかったということです。かれらが目指したのは，自由を保障する枠組みとして市場経済を堅持したうえで，資本主義体制を破綻に導く経済社会問題を克服することにあったということができます。そして，かれらの考えが2つの報告書を通じてイギリス政府によって受け入れられたことは，それらの問題の解決にあたる責任がまさに政府にあることが国民に宣言されたということを意味します。

具体的にいえば，まず，世界大恐慌へとつながった経済の不安定性の問題に対しては，ケインズ政策を通じて経済の安定化がはかられます。これにより，完全雇用を維持し，人びとを失業から解放することが目指されます。もちろん，経済の安定化をはかるといっても，市場経済は維持されるわけですから，景気の変動を完全に除去することはできません。そのため，失業のリスクがなくなるわけではありませんし，また，高齢，疾病，寡婦，多子などの失業以外の生活上のリスクも存在します。こうした完全雇用の下でも残される生活上のリスクに対しては，労働者だけを対象とするのではなく，国民全体を対象とする社会保障政策によって備えることになります。福祉国家とは，このような完全雇用政策や社会保障政策を講じることによって，政府の責任ですべての国民に安定した生活を保障し，国民生活の向上に取り組む国家の枠

Column ⑭ ケインズの経済思想

ケインズは，経済学の世界ではあまりにも有名ですが，かれの経済思想についてはそれほど知られていませんので，ここで簡単に紹介することにしましょう。ケインズは，市場において人びとがひたすら利益を追求することを**貨幣愛**に囚われているとして非難します。かれによれば，人間本来の生き方は真理や美や愛を追求することにあります。それにもかかわらず，大多数の人間がこうした人間本来の生き方をすることができないのは，経済的に貧しい状態に置かれているからです。そのため，ケインズは，まず必要なことは経済を成長させることだと考え，市場経済を擁護します。しかし，市場経済は，政府が何もせず，放っておいてうまくいくわけではありません。ケインズは，このことを**レッセ・フェールの終焉**として宣言します。世界大恐慌の起きる３年前のことです。そして，かれは，政府が市場経済を「賢明に管理」することによってはじめて，人びとは経済的豊かさを手に入れることができると主張します。

ケインズによれば，こうした「管理された資本主義体制」の下で，経済は発展し，2030年頃には人びとは，週15時間程度働けばよくなると予言しました。もちろん，この予言が当たるとは思われませんが，しかしその際にかれが指摘したこと，すなわち経済的に豊かになった人間がみずからの自由時間をどのように過ごすのかが重大な問題になるとの指摘は，第５章で取り上げたワーク・ライフ・バランスを考えるうえでも重要な問題提起ということができます。ケインズが理想とした生き方ができるようになるのか，それとも貨幣愛に囚われたままなのか，このことについていままさに考えなければならないと思われます。

組みということができます。

こうして，福祉国家体制の下では，市場経済が維持されるとはいえ，経済の動きは，もはや市場にのみ委ねられるのではなく，政府によってコントロールされることになります。それゆえ，福祉国家体制は，資本主義体制のような市場一元的な経済体制ではなく，市場と政府からなる**混合経済体制**ということができます。

本書では，政府の役割の転換に焦点を当て，この体制を福祉国家体制と呼びますが，市場が原則とされることから，**修正資本主義体制**とか**管理された資本主義体制**という表現が用いられることもあります。

3 福祉国家体制の発展

3.1 福祉国家体制の変化とその発展

第2次世界大戦後，日本を含む「西側」各国で受け入れられた福祉国家体制は，高い経済成長に支えられて順調に発展することになります。その発展の中で，2つの変化が生じてきます。第1に，福祉国家体制の下では，人びとの生活に何か問題が生じてきた場合には，その問題の解決はすべて政府の責任と考えられるようになるため，政府の役割が次から次へと拡大していくことになります。社会インフラの整備をはじめとして，消費者問題が生じれば消費者保護政策が，公害や環境問題が生じればそれらへの対策がすべて政府の責任と見なされ，政府に要求されるようになります。

第2に，本来の福祉国家の構想では，ベヴァリッジのナショナル・ミニマムの考えに示されたように，政府の役割は，最低限の生活保障にとどまるものでした。しかし，福祉国家体制の下で経済が発展するにつれ，豊かな福祉の提供こそが社会の進歩と見なされるようになります。その結果，福祉の水準が引き上げられ，社会保障が拡充されるようになります。

こうした2つの変化は，政府の規模を当然，拡大させることになりますが，それを可能にしたのが，戦後の高い経済成長です。日本でも高度経済成長といわれるように，1950年・60年代にはときに10%を超える経済成長が続きます。この高い経済成長とそれにともなう財政収入の増加は，完全雇用を実現し，社会保障の拡充をもたらすことになります。完全雇用の達成と拡充された社会保障は，需要を刺激し，そのことがさらなる経済成長をもたらすことにつながっていきます。こうして，いわば福祉と成長があたかも車の両輪のように作用しあい，福祉国家体制が発展していったということができます。

3.2 福祉国家を支えた経済思想

こうした福祉国家体制の発展を思想的基盤として支えたのが，新社会主義の経済思想です。日本で社会主義思想というと，マルクス主義のイメージが強いためか，すぐに共産主義と結びつける方が多いようです。しかし，社会主義の思想は，共産主義に限定されるわけではありませんし，ましてや共産主義の一つの考え方であるマルクス主義に限定されるわけでもありません。

そもそも**社会主義**（socialism）という思想は，その言葉の語源が友や仲間を意味するラテン語のsociusに由来することからもわかるように，個人よりも人と人とのつながり，したがって社会や連帯性を重視する思想を意味します。これに対し，**共産主義**は，生産手段や財のなんらかの共有制を目指す社会主義思想の一つです。この意味で，社会主義は，共産主義よりも広い概念ということができます。しかし，そうはいっても，19世紀には，マルクス主義に代表される共産主義の影響が強く，社会主義といえば共産主義を意味していました。

この状況に変化が生じてくるのが，20世紀に入ってからです。すなわち，20世紀初頭になると，西欧において共産主義とは明確に異なる考え方が社会主義の中心的思想となっていきます。それが，**新社会主義**と呼ばれる社会主義思想です。もちろん，新社会主義といっても，そこには多様な流れが存在します。その中でも思想的に重要となるのが，イギリスの**フェビアン社会主義**とドイツの新社会主義の流れです。前者はイギリスの労働党と，後者はドイツのSPD（社会民主党）と結びつき，これらの政党を支える思想的基盤となっていきます。労働党もSPDも，第2次世界大戦後，何度も政権につき，新社会主義の思想にもとづいたさまざまな政策を実施していきます。そのため，西欧の国々においては，共産主義ではなく，新社会主義が社会主義思想の中心であり，政策実践にも深く関わってきたということができます。

新社会主義の特徴は，「できる限りの競争，必要なだけの計画」というSPDの基本綱領に示されるように，市場経済を原則としつつ，必要な限りで政府による計画を取り入れる混合経済体制の構築を目指すことにあります。もちろん，ここでいう計画は，共産主義体制のような細部にわたる中央計画ではなく，**枠計画**と呼ばれるように，経済政策全体の大枠となる政策目標を策定することにとどまります。そして，その政策目標へと経済全体の動きを誘導していくために，ケインズ型の総需要管理政策を中心とした政策が実施されることになります。このことからもわかるように，新社会主義の政策構想においては，ケインズ政策が経済政策の大きな柱の一つになります。

また，社会保障政策を中心とする社会政策の推進は，新社会主義の政策構想のもう一つの柱をなします。実際，イギリスにおいてもドイツにおいても，労働党政権やSPD政権の下で，社会保障の充実がはかられてきました。とりわけ，イギリスの社会保障制度には，フェビアン社会主義の考えが明確に取り入れられています。なぜなら，先の『ベヴァリッジ報告』で示されたナショナル・ミニマムの考えは，フェビアン社会主義によって伝統的に主張されてきたものだからです。第2次世界大戦後，ベヴァリッジの提言をほぼそのままの形で実現し，イギリスの社会保障制度を構築したのがC.R.アトリー労働党政権ですが，このアトリーもフェビアン社会主義者の一人です。

新社会主義は，ケインズ政策と社会政策以外にも多様な経済政策の必要性を提起しますが，こうした政策構想の基本的特徴からしても，新社会主義は，福祉国家体制を支え推進してきた経済思想ということができます。

3.3　新自由主義による福祉国家批判

これに対して，福祉国家体制をその成立当初から徹底して批判し続けてきたのが，**新自由主義**の論者たちです。もちろん，新自由主義といっても，新社会主義と同様，そこには多様な考え方があります。しかし，新自由主義という以上，**自由**という価値を何よりも尊重し，市場の自動調整機能に強い信頼を置くという点では共通しています。そのため，新自由主義は，福祉国家体制の下で拡大する政府の役割に対して否定的な態度をとることになります。

まず，新自由主義は，市場の自由な動きを妨げることになる市場への政府介入を明確に退けます。そのため，新自由主義においては，政府による規制政策はいうまでもなく，総需要の動きを管理しようとするケインズ政策に対しても否定的な態度がとられることになります。また，新自由主義は，社会保障政策に対してもきわめて批判的です。なぜなら，社会保障政策を通じて生活が保障されるようになると，人びとは，政府に依存した生活をますます求めるようになるからです。新自由主義は，人びとの自由で自律的な精神を何よりも重視しますが，社会保障政策は，こうした人びとの精神を損なうものと考えられます。

このように，新自由主義は，福祉国家の２本の柱といえるケインズ政策にも社会保障政策にも否定的な態度をとります。そして，政府の役割をあらためて見直し，市場を中心とした経済体制へと福祉国家体制を転換していこうとします。とりわけ，新自由主義の中でも過激な主張を展開することで知られるリバタリアニズムの場合，政府の役割は，古典的自由主義によって主張された夜警国家（かれらは最小国家と呼んでいます）の役割にふたたび限定すべきだと主張します。リバタリアニズムは，自由至上主義とも称されるように，個人の自由に対する侵害や干渉を徹底して排除しようとする立場ですが，その論者の中には，政府の存在そのものを否定する人もいます。

こうした新自由主義の考え方は，福祉国家体制が順調に発展している間は，主流となるものではありませんでした。しかし，1970年代に入り，経済の低成長化により国家財政が急速に悪化し，福祉国家が危機に陥るとともに，事態は一変します。かねてから福祉国家を批判し続けてきた新自由主義の思想が注目され，とりわけ，アメリカのR.レーガンやイギリスのM.サッチャーといった新自由主義に共鳴する政権が誕生し，新自由主義型の政策を推し進めたことから，新自由主義は一躍脚光をあびることになります。日本でも，新自由主義は支持を集め，中曽根康弘政権や小泉純一郎政権などによって行財政改革や規制緩和などの新自由主義型の改革が行われます。

こうして，新自由主義は，福祉国家体制に代わる体制構想を示す思想と考えられるようになっていきます。しかし，その新自由主義の構想への信頼も，近年の格差問題の深刻化や2008年の金融危機などを契機として，大きく失われてきています。また，新自由主義がたんに市場一元的な体制への回帰を目指すものであったとすれば，それは，歴史の歯車を逆回転させるにすぎないものといわざるをえません。新自由主義を支持する人たちは，こうした問題についての答えを提示する必要があります。その一方で，福祉国家を支えてきた新社会主義を支持する人たちは，福祉国家の危機をどのようにして乗り越えるのかの処方箋を示す必要があります。いずれの立場をとるにせよ，福祉国家体制を今後どのようにしていくべきなのかを，政府の役割を含め，あらためて考えていかなければならないということができます。

● おわりに

福祉国家体制は，第２次世界大戦につながったかつての資本主義体制の限界を乗り越えるために構築された体制です。資本主義体制の下では，政府の役割は最小限に抑えられ，経済は市場に委ねられていました。そのため，労働者問題や恐慌の周期的発生という深刻な経済社会問題が出現し，資本主義体制は破綻することになります。この資本主義体制の限界を克服するために必要とされたのが，福祉国家体制です。

福祉国家体制の下でも，自由を保障する経済の枠組みとして，市場経済は維持されます。しかし，政府は，もはや夜警国家にとどまるものではありません。政府は，みずからの責任ですべての国民に安定した生活を保障し，国民生活の向上に取り組んでいくことを求められます。そのために，政府は，経済を市場にのみ委ねるのではなく，経済の動きをコントロールするようになります。こうして構築された市場と政府からなる混合経済体制が，福祉国家体制にほかなりません。

しかし，この福祉国家体制も危機に陥り，そのままの形で維持することはできなくなってきています。マルクス主義のような共産主義体制への転換も一つの選択肢かもしれませんが，現実の歴史が証明したように，それは望ましいものとはいえません。その一方で，新自由主義も新社会主義も，福祉国家の危機に対する処方策を十分に示したわけではありません。こうした状況の中にあって，私たちは，福祉国家体制をどうすべきなのか，そこにおいて政府はどのような役割を果たすべきなのかを，あらためて考えていかなければなりません。

第10章 福祉国家は何を行うのか？

先進7か国首脳会議（2017年，写真提供：AFP＝時事）

● はじめに

前章で見たように，福祉国家体制の発展にともない，すべての国民に安定した生活を保障し，その生活の向上に取り組むことが政府の責任であると考えられるようになります。この国民生活の向上と安定という政策目標を達成するために，政府は，人びとの経済活動に対する介入を拡大し，広範な領域でさまざまな経済政策を実行するようになります。その意味で，第2次世界大戦後，多くの先進諸国において目指すべき国家モデルとしての地位を確立した福祉国家体制は，さまざまな経済社会問題に対する膨大な

図 10-1　福祉国家の政策目標と政策体系

福祉国家の政策目標：

国民生活の向上と安定

1. 経済成長の促進　〔経済成長政策〕
2. 所得・資産の公正な分配　〔分配政策〕
3. 雇用の確保と経済の安定　〔経済安定化政策〕
4. 個々人の生活の保障と安定　〔社会保障政策〕

施策によって構成される，「経済政策の束」として捉えることができます。しかし，その政策の束は，けっして統一的なものとして体系的に整えられているとはいえません。また個々の政策にもさまざまな問題や課題が存在しています。

福祉国家体制において，国民生活の向上と安定という課題に対して，具体的に政府はどのような政策を実行することによって対処しようとしてきたのでしょうか。本章では，図 10-1 で示されるような区分によって，福祉国家体制の下での多様な政策を 4 つの目的ごとに整理し，福祉国家体制の現実の姿を概観します。そのうえで，それぞれの政策がどのような問題や課題に直面してきているのかを見ることで，今後の多様な政策のあり方について考えていくことにしましょう。

1　経済成長の促進

1.1　豊かさの向上

最初に取り上げるのは，**経済成長**のためのさまざまな政策です。経済成長とは，一国の経済活動の規模が拡大すること，つまり，社会全体としての生産量の拡大や所得の増加を意味しています。

戦後，福祉国家の発展が順調な経済成長とともにあったことは前章でも述べました。その経済成長を促進することもまた，福祉国家のもっとも重要な政策目的の一つです。経済の成長それ自体が，国民の経済的豊かさの向上という福祉国家の目標として最重要視されるだけではなく，ますます大きくなる福祉国家への要請を満たすための予算を確保するためにも，よりいっそうの経済成長が必要になります。あとの節で取り上げる所得分配政策や社会保障政策はもちろん，その他さまざまな経済政策手段を実行するためには，いわばパイの拡大が不可欠となるのです。

日本は，第2次世界大戦後，他に例のないほどの高度経済成長を遂げましたが，まさにそれは，日本の急速な福祉国家化の必要条件でした。日本経済をそれほどに成長させた要因としては，じつにさまざまな要因が指摘されています。たとえば，高い生産技術を欧米から比較的短期間に導入できたことや，企業による設備投資が活発に行われたこと，また，質の高い若年労働力が豊富であったことなどをあげることができます。さらに，自由な原料輸入と生産物輸出を可能にした戦後の貿易体制や，重工業化を進めた産業政策，安定した労使関係なども，経済成長を可能にする重要な要因であったと考えられています。

このように，経済成長を促進するための政策を考えるとき，その政策の対象となる成長の要因は，生産技術から労働関係，教育，人口構成，自然資源，そして外交関係にいたるまで，非常に幅広く存在しています。そのため，ひとことで経済成長政策といっても，そこには多様な施策が存在します。また，それらの要因は国や時代によって異なったものになる以上，具体的にどのような施策が採用されるべきかは，それぞれの国や時代に応じて多様なものとなってきます。そうはいっても，経済成長政策が対象とする代表的な経済的要因のいくつかは各国で共通していますから，それらに対する施策にも一定の共通性が見られます。そうした一般的な経済成長政策について，次に見てみましょう。

1.2 投資の促進と生産技術

企業が生産を行う際に用いる機械設備や工場などを資本と呼びます。より多くの財を生産するためには，より多くの資本が必要ですので，生産を拡大しようとする企業は，新たに資本を追加することになります。これが**投資**です。つまり，経済を成長させるためには，投資を促進させる政策が必要となります。たとえば，企業の投資活動に対する税の優遇措置はそのような政策の一つです。また，企業が投資を行うための資金を借り入れやすくするために，利子率を低い水準に維持しようとする政策も，経済成長を促す政策の一部であるといえます。

投資を促進させる施策としては，経済全体の投資水準を一般的に刺激しようとするものだけではなく，特定の産業部門にターゲットを絞って投資を促そうとする産業政策もあります。資本の増加による生産力の上昇がより大きく見込まれるような産業に集中的に投資を行うことで，成長を促進させるのです。しかし，どの産業の，どのような種類の資本への投資がもっとも効果的であるのかという判断を正確に行うことは難しく，投資の配分については市場の機能に任せるべきであるとの意見もあります。

民間企業による投資と並んで，公共投資，つまり道路や橋，通信施設などの公的資本を増加させることも，生産力増大の重要な原動力の一つです。それらの公的資本が増加することによって，企業にとっての生産環境が整備され，さらなる民間投資への刺激になることも期待されます。

また，生産設備などの物的な資本だけではなく，人びとが身につけている知識や技能もまた，生産活動の重要な要素です。これらは人的資本と呼ばれています。人的資本への投資，すなわち教育や技能訓練を通じて，どれくらい人的資本が高められるかは，長期的に経済成長を左右するものです。したがって，人びとが教育や訓練を受けられる体制を充実させることによって，継続的な人的資本の蓄積を促進していくことは，経済成長という目的から見て，政府に期待される不可欠な役割の一つであるといえます。

さらに，生産の水準を決めるのは資本の量だけではありません。どのような生産技術を用いることができるのかは，社会全体の生産水準にとって本質的な決定要因となります。したがって，技術進歩を促進させようとする施策は，経済成長政策の重要な側面です。研究開発（R&D）活動に対する優遇税制や特許制度の整備などの技術政策は多くの国で実施されており，その重要性に対する認識はますます高まってきています。ただしここには，技術政策の投入がもっとも有効な産業分野をどのように特定するのかという問題や，どのような特許制度が望ましいのかという問題があります。特許の強化は技術開発の促進につながる一方で，新技術の社会への普及を阻害する効果を持っているからです。

1.3　経済成長と総合的な政策構想

ここまで，経済成長を促進させるための政策について見てきました。福祉国家体制の下では，こうしたさまざまな政策を通じて，経済成長の促進がはかられることになります。しかし，政府は，経済成長だけを重視して，政策運営をすればよいというわけにはいきません。なぜなら，経済成長はさまざまな政策目的のうちの一つにすぎず，経済成長率のみで国民の豊かさが測られるわけではないからです。また，先に述べたように，経済成長の要因は生産技術から教育，人口構成，自然資源など多様なものから成り立っています。このことからも，経済成長政策は，経済政策の他のさまざまな政策目的との関連の中で総合的に取り扱われる必要があることがわかります。さらに，日本をはじめ多くの福祉国家体制の国々においては，戦後の経済成長によって一定の経済的豊かさが達成されたことや，経済成長の負の側面として環境汚染が悪化したことなどから，経済成長をひたすら追求するのではなく，他のさまざまな政策目的との整合性や環境問題を考慮したうえでの成長がますます求められるようになってきています。こうしたことから，次に説明する分配政策をはじめとしたさまざまな政策が，経済成長政策とともに，総合的・長期的な視野に立って構想される必要性がいっそう高まってきているということができます。

2 所得・資産の公正な分配

国民全体の福祉の向上という責任を負った福祉国家にとって，「公正な」所得分配，あるいは分配状態の改善は不可欠のものです。第８章で詳しく見たように，社会的に公正な所得・資産の分配のためには，貢献原則とともに，各人の必要に応じた分配という原則（必要原則）を適切に結び合わせることが必要となります。福祉国家における**分配政策**として，実際にはどのような施策がとられるのでしょうか。政策介入の対象となる局面を３つに分けて，以下に見てみましょう。

第１に，所得が決定される過程に対する分配政策があります。これには，企業における賃金決定・賃金交渉に関連する労働法制の整備や，最低賃金制度などの政策が含まれます。また，資産から得られる所得に対する税制もこれに当たります。さらに，すべての人に労働機会を提供するという意味で，次節で見る完全雇用政策もまた重要です。

第2に，いったん分配された所得に対する分配政策があります。これはおもに税制と社会保障政策によって行われます。税制による分配政策として具体的には，累進的な所得税，相続税，財の性質に応じた物品税率の差別化などがあります。そして税によって得られた政府収入は，ふたたび個人へと移転されます。低所得者に対する各種の公的扶助や医療・年金などに対する補助といった社会保障政策は，その代表的なものです。また住宅整備や教育などに対する公的支出も，所得の再分配機能を持つ重要な施策です。

第3は，所得を生み出す条件を平等にするための分配政策です。資産保有の格差はつねに拡大する可能性を持っています。そこで，所得の源泉としての資産を平等化し，その形成を広く促進させる政策が必要となります。これにはすでに触れた相続税のほか，持ち家促進のための税制優遇などの財産形成政策があります。また，義務教育制度の整備といった教育機会の均等化や，雇用差別の禁止などの雇用・労働機会の均等化のための施策も，市場における出発条件の平等化を目指す政策です。

以上のように，所得・資産の分配政策もまた，その対象領域は非常に幅広く，また地域間の所得格差や世代間の所得格差などについて考慮するならばいっそう，他の政策目標との総合的な構想が必要となる政策領域です。分配政策の結果を評価するにあたっては，第8章で説明したジニ係数などの指標によって測定しうる部分もありますが，最終的には，私たちがどのような分配状況を，またどのような社会を望ましいと考えるのかにもとづいて判断されることになります。このように，分配政策がどうあるべきかは，私たちの価値判断に大きく依存するものである以上，分配政策のあり方を考える際には，一定の価値観にもとづく総合的・体系的な政策判断が必要になってくるといえるでしょう。

3 雇用の確保と経済の安定

3.1 市場経済の不安定性と経済安定化政策の目標

福祉国家の政策課題として次に取り上げるのは，市場経済の不安定性についてです。第7章でも触れたように，市場では，個々の経済主体の行動は，価格の変動を通じて事後的に調整されていくのであって，あらかじめ市場全体での需給の一致が確保されているのではありません。市場は，時間的経過の中で需給の不一致という不均衡が繰り返され，不安定な状態が持続する可能性を持っています。それらの不均衡の積み重ねによって，経済全体としては，失業や労働力不足，物価変動といった**景気の不安定性**，あるいは景気の循環が避けられません。

事実，第2次世界大戦前の各国は深刻な不況と雇用状況の悪化に悩まされ続けましたし，戦後しばらくの間は好況状態が続いたものの，その代わりに物価水準の上昇が慢性的になり（インフレーション），**物価の安定**は経済政策の最大の課題となりました。さらに石油危機によって生じた経済の停滞とインフレの共存（スタグフレーション）は，いっそう深刻な問題を発生させました。このような状況の中で，戦後の福祉国家の国々は，**完全雇用**を達成すると同時に物価水準を安定化させるという責任を負うことになり，この2つの目標の同時達成を目指す，いわゆる完全雇用・経済安定化政策が経済政策の中心的存在となったのです。完全雇用・経済安定化という政策目標は，経済成長や所得分配といった政策目標と比べて，経済社会状況の変化に迅速に対応する必要のある，比較的短期的な政策目標であるといえます。

それでは，なぜ完全雇用と物価安定が福祉国家の政策目標として重要視されるのでしょうか。この点について，それぞれ簡単に触れておきましょう。まず，完全雇用については，その社会的・経済的利益は明らかでしょう。完全雇用は，労働力という資源の完全な利用を通じて経済成長の基盤となります。また，当然ながら労働者の生計を安定させ，労働条件の改善にも寄与します。さらに，完全雇用状態は，できるだけ労働力を節約しようとする生産技術を発展させる誘因ともなります。これらの理由からも，人びとの生活の向上と安定にとって，雇用の安定が不可欠であることは，広く認められるところです。したがって，就業機会を国民に広く提供すること，さらに，たとえば労働者が産業や企業の間を移動しやすくすることによって失業問題を緩和させることなどは，福祉国家にとって重要な政策目標となります。

次に，物価水準の安定は，市場メカニズムが円滑に機能するための必要条件です。物価水準が不規則に変動するならば，各経済主体は，どのような経済活動を行うことが自分にとって最適であるのかを計画することができなくなってしまいます。そしてそれは，市場における取引関係を大いに混乱させることになるでしょう。また分配の観点からいえば，たとえばインフレは，賃金水準がまったく同じ比率で上昇しない限り，実質的に所得の減少を招きます。同じ所得でも，物価の上昇によって，以前と同じだけのモノを購入することはもはやできないからです。さらに，資産の実質的な価値が低下することによって，決まった額の預金利息や年金を受け取っている人の立場を不利にします。デフレの場合はその逆の状況をもたらします。このように物価水準の安定は，経済活動の円滑化と社会の安定を目指すうえでの，福祉国家のもう一つの政策目標となります。

ただし，完全雇用と物価安定という２つの政策目標は，それぞれに独立して追求できるものではなく，どちらか一方を改善しようとすると他方が悪化するという，トレードオフの関係を示す可能性があることが経験的に知られています。したがって経済安定化政策としては，雇用状況と物価変動のどのような組み合わせがもっとも望ましいかという視点から具体的な施策の実行にとりかかる必要が生じます。どちらの政策目標をより重視するかという点については，国や時期によって違いがあり，その違いは各国の経済政策の特徴を表すものになっています。

3.2 経済安定化政策の手段と課題

目標とする状態の違いはあるにしても，重大な雇用不安や過度の物価変動を解消することは，時代を通じて福祉国家に共通の政策目標です。**財政政策**と**金融政策**は，この目標のための主要な政策手段として用いられています。

政府は財政のあり方を変化させることで，経済の活動水準に影響を与えようとします。支出面では，公共投資などを増減させることで経済全体の需要を調整しようとし，収入面では，減税・増税などによって，消費や投資の拡大・抑制をはかります。ただし，財政の変化が民間の経済活動に対してどれくらいの効果をもたらすのかについては，つねに議論になるところです。たとえば，公共投資が増加されても，その影響により民間の投資が減少して，結果として経済全体の投資水準に効果が現れないといった可能性や，あるいは，減税を行ったとしても，それが一時的なものにすぎないと人びとに予想されるならば，消費や投資の増加にはつながらない可能性もあります。

経済安定化政策のもう一つの主要な手段は金融政策です。経済全体にどれくらいのお金が出回っているか，つまり通貨供給量の水準は，投資や消費など，経済活動に幅広い影響を及ぼします。通貨供給量を増加させるような政策は金融緩和策と呼ばれ，利子率の引き下げによって民間投資を刺激し，景気を浮揚させようとする政策です。逆に，通貨供給量の減少や利子率の引き上げを意図した政策を金融引き締め策といい，民間投資を抑制し，景気の過熱を抑える目的でなされます。歴史的に見て，金融政策には緩和策の方向への政治的圧力がかかりやすいことから，多くの国で，政府から独立した中立的な立場から物価の安定に取り組めるよう，金融政策の運営は中央銀行（日本では日本銀行）によって担われています。ただし，通貨供給量の変動が景気に及ぼす効果の大きさは，他のさまざまな経済要因によって影響を受けるものですし，中央銀行が通貨供給量をどれほど厳密にコントロールしうるのかという問題もあり，金融政策のあり方は，国や時期によって，その手法や介入の程度という点で，かなり異なる姿を見せてきました。

現実には，雇用の確保と経済の安定を目指して実行される財政・金融政策がいつも期待通りの効果をもたらしてきたとはいえません。変化を続ける経済環境を前にして，経済安定化政策にとっての具体的な政策目標はつねに変動します。政府・中央銀行は，その変化に対応する形でさまざまな政策をそのつど立案し，実行しなければなりません。**Column ⑮**でも取り上げていますが，経済安定化政策の本質的な難しさはこの点にあります。さらにいえば，財政赤字が膨らみ，また金融市場が高度に複雑化し，グローバル化が進んだ現在，従来型の財政・金融政策の効果に与えられる信頼はかつてほど高いものではありません。しかし，国民の経済生活の安定に対して積極的な施策が要請される福祉国家にとって，財政・金融政策は，現在でもとりうる有力な政策手段であることに変わりはありません。財政政策にしても，金融政策にしても，その効果が及ぶ範囲は短期的な経済状態だけではなく，長期的・間接的な影響を含めるならば，経済成長や所得分配に対して

Column ⑮　なぜ景気対策は失敗するのか？

本文では，経済安定のための施策としての財政政策と金融政策について，それぞれの政策手段の機能と問題点について見てきました。経済安定化政策は，経済社会状況の変化に対応する政策であり，同時に，過度の変化が生じないようにするための政策です。したがって政策の成否は，状況の変化に対していかに迅速かつ柔軟に適切な政策を実施できるかにかかっています。このことは，それらの施策が共通して抱える本質的な問題を示しています。

第１に，政策の立案・実施の過程におけるタイムラグの問題があります。政策主体はまずは，政策課題となりうる経済状況の変化が生じたことを把握しなければなりません。課題の存在を知ってはじめて，それに対する政策を立案し，実行することができます。しかし，実際にその政策の構想・立案・実行には時間が必要です。そのため，政策の効果が実現するまで，当初の問題の発生からはなんらかの時間的な遅れが生じざるをえません。そしてしばしばその遅れは，問題の解決にとって致命的なものとなり，さらなる混乱と不安定性をもたらすかもしれません。場合によっては，その間に経済状況が大きく変化して，政策課題そのものが変わっている可能性もあります。短期的な経済政策にとって，タイムラグの問題はしばしば深刻なものとなりえます。

第２に，とりわけ経済安定化政策には，経済状況の計測と予測の不完全性という問題がともないます。つねに変動する経済状況を正確に把握することではじめて問題の認識が可能となるわけですし，また，適切な政策を立案するためには，高度な予測可能性が要求されます。計測・予測技術の発展にもかかわらず，なおその誤差は無視しうるものではありません。

国民生活の安定に責任を持つとされ，そのための広範な政策介入が許されている福祉国家においてもなお，景気のコントロールがしばしばうまくいかない理由はこうした点にあるといえるでしょう。

も相当の結びつきを持っていると考えられます。したがって，雇用の確保と経済の安定という短期的目標に向けた政策であっても，短期的な政策目標と長期的な政策目標との間の相互作用関係（ときにはトレードオフの関係）を考慮した政策立案や政策評価が必要になるでしょう。

さらに別の観点から，財政・金融政策による経済安定化政策が持つ問題を指摘することができます。上で見たように，経済の好況時には，その過熱を抑制するために景気引き締め的な財政・金融政策がとられなければなりません。長期的な予算均衡の必要性からいえば，好況時には政府支出を減らし，予算を黒字にすることが求められます。しかし，民主制に立つ福祉国家において，予算の縮小や景気引き締め策に対して国民の支持をとりつけるのは容易ではありません。それは，選挙などの政治的な事情や，それらの政策の影響を受ける各種の団体の抵抗などによってさらに困難になり，慢性的な財政赤字がもたらされ，場当たり的な財政・金融政策によってかえって景気変動が助長されるという危険性をつねに持っています。経済安定化政策が持つこの傾向は，次の第11章で見る福祉国家の危機の要因の一つとなります。

4 個々人の生活の保障と安定

社会保障政策は，福祉国家の政策体系を特徴づけるもう一つの柱です。福祉国家体制においては，政府は社会全体の経済水準の向上と安定だけでなく，国民一人ひとりの生活の安定と保障にも責任を持って取り組むことが求められるようになります。前章でも見たように，各国における福祉国家体制の発展過程は，社会保障政策の拡充という面にもっともよく表れています。

社会保障政策は，国家の責任においてすべての国民に最低限の生活を保障し，生活の安定をはかることを理念とするさまざまな政策の集合体であるということができます。20世紀半ば以降の先進各国において，社会保障政策の規模と対象領域は著しく拡大してきました。いまや，福祉国家の政策体系において，社会保障政策はもっとも複雑かつ大規模な政策領域を形成するものになっています。ここでは，まず現代の市場経済社会における社会保障政策の必要性を簡単に見たあと，次にその基本的な制度体系について説明することにしましょう。

4.1 社会保障政策の必要性

まず，歴史的な時代状況の変化によって社会保障制度が広く必要とされるにいたった要因として2つの点をあげることができます。第1の要因は，いわゆる**共同体の解体**です。伝統的な社会では，病気や障害，老齢などによって働くことができなくなったり，自力で生活することができなくなった人びとに対して，家族や村落共同体が集団としてかれらを養ったり，相互に助け合ったりしてきました。しかし，近代化が進んで，共同体のそのような機能が失われるようになると，その機能のうち，市場でその種のサービスを購入することによって対処できる問題以外については，政府によって担われることになりました。

第2に，**産業化**にともなって，資産を持たない労働者が急増したことが要因として指摘できます。かれらの生活の唯一の手段は，みずからの労働力の対価としての賃金を受け取ることです。そのため多くの人びとは，病気などの個人的原因や，不況などの経済的原因といったリスクに対して非常に不安定な状況に置かれることになりました。社会におけるそのような労働者の割合の増加は，社会全体の不安定化につながりますから，かれらの個々の生活を安定させ，同時に最低限の生活水準を保障することは，社会の維持のためには不可欠な，政府の責務となったのです。

次に，市場メカニズムにもとづいた社会を維持していくためには，本来的になんらかの社会保障が必要とされるという点があげられます。貢献原則にもとづく分配が大きな限界を持っていることは，これまでの章でもお話ししました。貢献原則による所得分配を貫くことは，市場以外のなんらかの保護機能がない限り，貢献能力を持たないさまざまな人びとの排除を意味しています。社会保障政策は，必要原則を考慮した所得再分配を通じて，貢献原則によって実現された分配状況を補正することを目的の一つとしています。さらに，不確実な将来に対する保険の構築や，医療，その他の福祉サービスなどのように，市場による適正な資源配分が困難な状況，すなわち市場が失敗する状況において，社会保障政策は社会にとって必要なサービス供給を行うという役割も負っています。

また，社会保障政策は人びとの生活の仕方や働き方に影響を与えますから，結果として社会全体の消費や貯蓄の変化を通じて，経済の成長や安定といった経済政策の要請とも相互に関連する性質を持っています。このことも，福祉国家体制の全体像を考える際には重要な観点です。

4.2 社会保障の制度体系と多様性

社会保障政策は，公的扶助と社会保険という 2 種類の制度に大きく分けることができます。

公的扶助は，おもに貧困の解消を目的として，生活に困窮している人を経済的に救済するための制度です。その性質上，最低限度の生活を保障することに主眼が置かれ，政府，あるいは自治体が公費で，つまり税金で費用を負担します。通常は，生活が困窮しているという事実を確認するために，資産や所得に関する調査を受けることが給付の条件とされています。日本の生活保護制度は，公的扶助制度の代表例です。

社会保険は，病気やケガ，失業，老齢といった生活上のリスクを社会全体で分け合い，生活の安定を保障しようとする制度です。保険ですから，当然，給付を受けるためには保険料を支払っていることが必要となります。ただし，民間の保険とは異なり，社会保険は各自の任意で加入するものではなく，一定の条件に当てはまる人は加入することが義務づけられています。日本では，医療保険（健康保険），年金保険，介護保険，失業保険（雇用保険），労災保険の5つの社会保険があります。

これらの2つの制度を柱にして社会保障政策は構成されていますが，それぞれの個々の制度の保障範囲や保障水準，具体的な運営方法などは，国と時代によってさまざまです。たとえば，医療保障について見れば，ドイツ，フランスは日本と同様に社会保険によって対応していますが，イギリスやスウェーデンは税方式をとっています。また，アメリカでは，高齢者と低所得者を除けば，基本的に公的な対応はとっておらず，個人による民間の医療保険への加入に任されています。

本章でこれまでに見てきた経済の成長や安定のための政策と比較しても，社会保障分野においてとられる具体的な施策や制度はきわめて多様であるといえます。それは，社会保障という制度が，その社会固有の人口・地理的条件や，政治体制，伝統，価値観などと深く結びついた領域だからであると考えられます。それぞれの国において，社会保障の政策群は，はじめから体系的な構想にもとづいて形成されてきたものではなく，その時々の社会からの要請に応じて，経済的・社会的環境に対応する形で，徐々に発展してきたものです。また，社会保障政策には制度的な持続性・安定性が求められますから，他の経済政策とは違い，いったん施行を始めた制度を頻繁に変更したり廃止したりすることは困難です。

そのため，社会保障政策にはその国の独自性が現れやすく，結果として多様な福祉国家体制のスタイルが生じることになったのです。

このような各国の多様な社会保障政策の特徴を見出そうとするときには，たとえば，保障の対象をどれくらい広い範囲とするか（特定の対象に絞るか，広く平等に対象とするか）や，保障の単位をどのように考えるか（家族単位か，個人単位か），あるいはまた，保障の平等をどのように考えるか（「平等な拠出と最低限の給付」という均一主義か，「個々人の生活に見合った拠出と給付」という能力主義か）などの観点があります。これらの観点から見るそれぞれの制度の違いによって，各国の社会保障制度は全体としてさまざまな姿を見せることになります。

ただし，各国の社会保障政策がそれぞれに独自性を持っているとしても，社会保障政策が展開されていく中で，その保障対象の範囲がしだいに拡大してきたという過程は，各国に共通した傾向です。それは，失業や疾病，老齢といった伝統的な領域から，育児や介護，職業訓練，疾病の予防，住宅サービスまで，きわめて広い範囲にわたっています。また，そのような制度の拡大に対応して，社会保障関連サービスを実際に給付する主体についても，近年では，政府・自治体だけではなく，NPO をはじめとして，地域コミュニティ，ボランティア団体といったさまざまな主体が制度に組み込まれていく傾向が見られます。

● おわりに

福祉国家体制では，国民生活の向上と安定という責任の下，さまざまな政策目標が掲げられ，それらに対応する数多くの政策が実行されてきました。国によって，時代によって個々の政策のあり方や重みは異なるものの，福祉国家の政策体系が 4 つの政策群を柱としている点については，おおよそ共通しています。それらは，経済成長のための政策，所得分配のための政策，雇用の確保と経済の安定のための政策，そして社会保障政策です。本章では，それらの政策について，それぞれの政策課題と手段を簡単に説明してきました。

福祉国家体制が発展してきた過程は，これらの政策の拡大・充実の過程であるといえます。それは，政策の対象領域の拡大であり，政策目標の拡大であり，そして実施される施策の拡大です。この政策の拡大は，福祉国家にとって，政策間の整合性という重要な課題をもたらします。本章のそれぞれの箇所でも指摘したように，政策領域の間でも，またそれぞれの政策領域内の個別施策の間でも，それぞれの政策目標や政策効果は互いに関連しています。したがって，それらの政策を効果的に実現するためには，それらを包括した**総合的な政策構想**にもとづいた政策立案が求められます。

経済社会のさまざまな領域，そして各経済主体の経済活動は，相互に関連し，複雑に絡み合っています。そのため，ある政策目標の達成のためには，その政策が有効に機能するための条件を整えるための政策が同時に必要となります。したがって，さまざまな政策群は，互いの効果を打ち消し合うことのないよう，整合的なものであることが要請されます。

さらに，これは当然のことですが，福祉国家が最終的な目標とするのは，なんらかの望ましい経済社会の実現，あるいは一般的な意味での国民の福祉の向上であって，経済成長とか分配という個別の目的ではありません。その意味では，いかなる国の経済政策も，それぞれに固有の総合的な政策構想を必要とするものであるといえます。総合的な政策構想は，いわば社会のあるべき姿という大きな政策目標を表すものです。そして，その政策構想のうちに，互いに整合的な個々の施策が実施されるのが理想的な形であるといえるでしょう。

しかし，福祉国家の発展とともに，政策対象はきわめて広範囲に広がり，複雑化していくため，さまざまな政策間の整合性を考慮することは容易ではありません。また，特定の政策の実現を推し進める団体の政治的な圧力などによっては，互いに整合的でない政策目標が共存することさえもありえます。失業と貧困の解消，あるいは経済成長の追求といった明確な社会的目標があった時代とは異なり，現在では，追求すべき社会の理想像はあいまいな姿になっているといえます。福祉国家体制においては，その時々に直面する社会的課題に場当たり的に対処するだけではなく，私たちが目指す社会とはどのような社会なのかについて，十分な議論が求められるところです。

第11章

福祉国家はなぜ維持不可能なのか？

高齢化が進み持続性が問われる公的年金（写真提供：読売新聞社）

● はじめに

福祉国家体制の危機を克服するために，今日までさまざまな制度改革の試みが，各国において実行に移されてきています。しかし，福祉国家体制に代わって，どのような新たな経済社会の枠組みを構築すればよいのかという問いに明確な答えが出されたわけではありません。みなさんの中にも，より自由主義的な方向に経済体制を変えていった方がよいと考える人もいるでしょうし，より社会主義的な方向を目指すべきだと考える人もいるでしょう。

しかし，どのような枠組みを目指すにせよ，福祉国家体制が現在，どのような困難に直面し，なぜこれまで通りの形では維持することができないのかを押さえておく必要があります。そうでなければ，どのような構想を展開するにせよ，その構想は現実離れしたものにならざるをえないからです。本章では，この課題に取り組み，みなさんが今後の経済体制のあり方を考えるうえで注意しなければならない点を見ていくことにしましょう。

1 福祉国家の財政破綻

第9章で述べたように，福祉国家体制は，第2次世界大戦後の高い経済成長に支えられ，順調に発展していくことになります。日本においても，北欧の福祉国家が理想郷のように捉えられたこともあり，豊かな福祉の提供を目指して社会保障の充実がはかられていきます。とくに，すべての国民がなんらかの医療保険および年金制度に加入することになった1961年の「国民皆保険・皆年金」の達成，ならびに，社会保障の充実を公約に掲げた1973年の田中角栄内閣による「福祉元年」のスローガンは，日本における福祉国家体制の発展を象徴的に示すできごとということができます。

しかし，1970年代に入り，二度の石油危機を契機として，経済が高度成長から低成長の時代に入るとともに，状況は一変します。低成長にともない，財政収入が伸び悩む中，豊かな福祉の提供を維持しようとすれば，必然的に国家財政は悪化していかざるをえません。しかも，停滞する経済を下支えしようとして，財政支出を拡大させれば，財政赤字はいっそう膨れ上がり，国家破産のおそれも生じてくることになります。福祉国家の国々がこうした深刻な事態に陥ったことを受け，1981年にOECD（経済協力開発機構）は，『福祉国家の危機』と題するレポートを発表し，福

図 11-1　政府債務残高の国際比較（対 GDP 比）

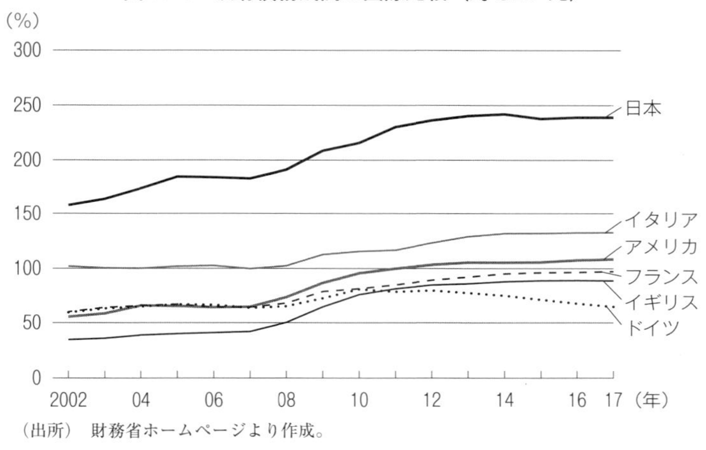

（出所） 財務省ホームページより作成。

祉国家が財政破綻により危機に陥ったことを宣言します。この危機を脱するために，各国は，1980 年代以降，社会保障の拡充から社会保障の整理・統合へと路線を転換し，福祉の提供を抑え，財政健全化を目指すようになります。

こうして，福祉国家の国々は財政健全化に取り組むことになりますが，日本では，バブル経済崩壊以降の長期にわたる経済の停滞や，あとで述べる少子高齢化の進展などによって，財政健全化がはかられるどころか，財政の悪化がいっそう進んできています。図 11-1 は，2000 年代以降の各国の政府債務残高の対 GDP 比の推移を表したグラフです。財政健全化に取り組んできた欧米の国々に比べて，日本の財政がきわめて厳しい状況にあることがよくわかると思います。ちなみに，2016 年の数値を紹介すれば，アメリカ 107.4%，イギリス 89.2%，ドイツ 67.6%，フランス 96.6%，イタリア 132.6% なのに対し，日本は 239.2% となっています。

このように，福祉国家体制をこれまで通りに維持することは，とりわけ日本では財政的に困難になってきています。そのため，財政再建を進める必要がありますが，その際，やみくもに政府サービスをカットすればよいというわけにはいきません。重要なのは，政府が果たさなければならない役割とは何かをあらためて問い直し，政府活動の規模や範囲，その内容などについて見直すことにあります。とりわけ，福祉の提供の何もかもを政府が引き受けることがもはやできない以上，非営利組織をはじめとする多様な福祉供給主体と政府との間でどのような役割分担を進めていくのかをしっかりと考えていく必要があります。

福祉国家体制は，以上のような財政上の困難に直面しているだけではありません。今日，福祉国家体制を取り巻く環境が大きく変化し，その結果，現在の体制のままでは対処することのできないさまざまな問題が出現してきています。以下では，自然環境の変化，人口構造の変化，社会面の変化の３つの側面に焦点を当て，どのような問題が生じてきているのかを，見ていくことにしましょう。

2 自然環境の変化

近代になって誕生した資本主義体制の大きな成果の一つは，経済を飛躍的に発展させたことにあります。この経済発展は，市場での自由な経済活動を認められた人びとが，ひたすら経済的豊かさを求め，生産と消費を拡大させ続けてきたことによってもたらされたものということができます。そこでは，生産と消費の拡大による地球環境への影響など考慮されることはなく，そのため，近代社会においては，**大量生産・大量消費・大量廃棄**にもとづく

経済成長至上主義型の経済の枠組みができあがることになります。

第2次世界大戦後の福祉国家体制の発展をもたらしたのも，この経済成長至上主義型の経済の枠組みが維持されたことによります。しかし，経済成長至上主義型の経済の枠組みの下では，その負の側面として環境破壊や環境汚染，資源の枯渇が進んでいくことになります。日本でも1950年・60年代の高度経済成長の時代には，水俣病や四日市ぜんそくなどの公害が社会問題化しました。ただし，それらの公害はまだ，被害の範囲が特定の地域に限定されているものでした。しかし，今日の**資源・環境問題**は，もはや地域レベルや一国内の問題にとどまるものではありません。それは国境を越えて，世界全体に関わる問題となってきています。

こうした地球規模での資源・環境問題に関してはじめて世界的に警鐘を鳴らしたのは，1972年のローマ・クラブの報告書『成長の限界』です。この報告書の中で，ローマ・クラブは，資源・環境問題になんの対策も講じずに，いまのまま経済成長を続ければ，100年後には世界はもはや成長することができなくなると警告しています。もちろん，この警告は，当時の知見にもとづいてなされたものであり，その後，地球環境問題が世界的に認識される中で，さまざまな対策が講じられてきているため，ローマ・クラブの予測がそのまま当てはまるわけではありません。しかし，資源・環境問題は，けっして克服されたわけではなく，地球温暖化や生態系の破壊の問題に見られるように，ますます深刻化してきています。

このような資源・環境問題の深刻化を受け，いままさに求められているのは，これまでの大量生産・大量消費・大量廃棄の経済成長至上主義型の経済の枠組みから，できる限り地球環境への負荷が少ない持続可能型の経済の枠組みへの転換です。福祉国家体制が経済成長至上主義型の経済の枠組みを基盤としている以上，

Column ⑯ 『成長の限界』

ローマ・クラブは，『成長の限界』の中で，経済成長がもたらす資源・環境問題について，フランスの子ども向けのなぞなぞを用いて説明しています。資源・環境問題を理解するのにわかりやすいと思いますので，紹介することにしましょう（よりわかりやすくするために，少し修正してあります）。

ある池があって，そこには水蓮があります。水蓮は 1 日に 2 倍に増加し，水蓮が池を覆い尽くすと水の中の他の生物はすべて窒息して死んでしまいます。いま，水蓮がその池の表面を半分覆い尽くすのに 100 年かかったとします。では，池の残りの半分を水蓮が覆い尽くすのに，あと何年かかるでしょうか。答えはもちろんあと 1 日です（100 年ではありません）。つまり，資源・環境問題に対して，まだまだ大丈夫（半分覆うのに 100 年もかかったではないか）などと考えていたら，もはや手遅れになってしまい，池を救うのにあと 1 日しか残っていないということになってしまいます。

いかがでしょうか。環境問題の深刻さと，待ったなしの対策の必要性をわかりやすく説明しているお話ではないでしょうか。ローマ・クラブは，このなぞなぞで示されたような認識を基礎にして，世界中の人びとに一刻も早く対策をとるように警鐘を鳴らしています。

福祉国家体制もまたその見直しを迫られています。その際，どのような体制が目指されるにせよ，地球環境の持続可能性を損なうような経済体制はもはや許されないということを忘れてはなりません。

3 人口構造の変化

3.1 少子高齢化の現状

福祉国家体制の維持を困難にしている環境の変化として，次にあげなければならないのが人口構造の変化，すなわち人口の**少子高齢化**の進展です。ここではまず，少子高齢化の現状がどうなっているのかを，確認しておきましょう。

高齢化を測る指標として用いられるのが，**高齢化率**です。これは，65 歳以上人口が総人口に占める割合を表しています。日本では，高齢化率が 1970 年に 7% を超え，1994 年にはその倍の 14% を超えています。高齢化率が 7% から 14% になるまでの年数（これを倍化年数といいます）は，日本が 24 年なのに対し，ドイツ 40 年，イギリス 47 年，イタリア 61 年，フランス 115 年となっていますので，他の国々と比べて日本の高齢化のスピードがきわめて速いということができます。

日本の高齢化率の上昇は，その後も続き，2016 年の高齢化率は 27.3% に達しています（厚生労働省，2017a）。したがって，日本は，すでに 4 人に 1 人が 65 歳以上の高齢者ということですので，まさに**超高齢社会**といってよい状況にあります。しかも，国立社会保障・人口問題研究所の 2017 年の推計によれば，日本の高齢化率は，今後さらに進んで，2065 年にはなんと 38.4% に達すると見込まれています（国立社会保障・人口問題研究所，2017）。

一方，少子化を測る指標としてしばしば用いられるのが**合計特殊出生率**です。これは，一人の女性が一生に産む子どもの数の平均を表しています。人口を維持するための合計特殊出生率の値を人口置換水準と呼びますが，これは 2.06 から 2.10 の間の値とされ，日本では 2.07 が採用されています。日本では，合計特殊出生率が減少傾向にあり，第 2 次ベビーブームの 1973 年に 2.14 を記録したのを最後に，人口置換水準を下回り続けています。合計特殊出生率の最低水準は，2005 年の 1.26 ですが，最近は少し回復し，2016 年は 1.44 となっています（厚生労働省，2017b）。それでも，合計特殊出生率の水準は，依然として人口置換水準をはるかに下回ったままです。

3.2 社会保障の財政逼迫

先に述べた日本の人口の高齢化は，基本的には平均寿命の伸びによってもたらされたということができます。このことは，医学や医療技術の進歩，人びとの健康意識の高まりなどによってもたらされたものですが，社会保障，とりわけ医療保障の果たした役割を忘れてはなりません。なぜなら，いかに医療が進歩したとしても，一部の富裕層しか医療サービスを受けることができないとすれば，平均寿命の伸びがもたらされることなどないからです。医療保障の充実によって，すべての国民が医療サービスを受けることができ，その結果，より多くの人びとがより長生きをすることができるようになったことは，まさに福祉国家の大いなる成果ということができます。

しかし，その反面，人口の高齢化は，社会保障の財政を圧迫することになります。まず，高齢者には年金の支給が必要になります。また，高齢になるほど，病気になる確率や慢性疾患にかかる確率は高くなり，要介護状態，しかもより重度の要介護状態になる割合も高くなります。そのため，高齢化が進展するほど，年金，医療，介護などにかかる社会保障費は増大していかざるをえません。図 11-2 は，社会保障にかかる給付費とそのうち 65 歳以上の高齢者に関係する給付費の推移を示したものです。高齢化の進展に合わせて，高齢者関係給付費が大幅に増大し，それに合わせて社会保障給付費が増大し続けてきていることがわかります。2014 年度の社会保障給付費は 112 兆 1020 億円，そのうち高齢者関係給付費は 76 兆 1383 億円で，比率にすると社会保障給付費の 67.9% が高齢者関係の給付費となっています（厚生労働省，2017a）。

人口の高齢化にともなって増え続ける社会保障給付費は，社会

図 11-2　社会保障給付費と高齢者関係給付費の推移

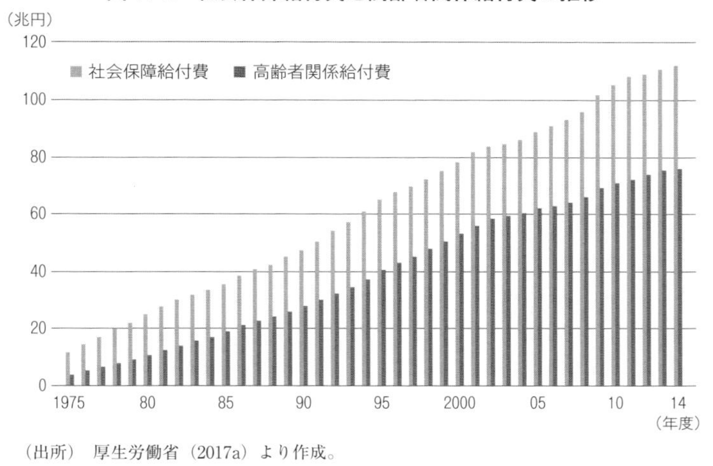

(出所)　厚生労働省 (2017a) より作成。

保険料や税金によって賄われています。この社会保険料や税金を負担するのは，基本的にはいわゆる現役の人たちです。しかし，少子化の進展によって，現役世代（15～64 歳）の人口が減少してきているわけですから，現役の人たちの負担は増加せざるをえません。

次ページの図 11-3 は，65 歳以上の高齢者 1 人を現役世代の人たち何人で支えるかの推移と将来推計を示したものです。1970 年には現役世代 9.8 人で 1 人の高齢者を支えればよかったのですが，2015 年には 2.3 人で 1 人の高齢者を支えなければならなくなってきています。この値は今後さらに減り続け，2065 年には 1.3 人と現役世代ほぼ 1 人で 1 人の高齢者を支えなければならなくなります。こうなると，現在の社会保障の給付水準を維持しようと思えば，現役世代の人たちの負担は，きわめて重いものとなり，もはや負担しきれないという状況にならざるをえません。社会保障制度は，まさに福祉国家体制の柱といえるものですが，少

図 11-3　65 歳以上人口に対する 15〜64 歳人口の比率

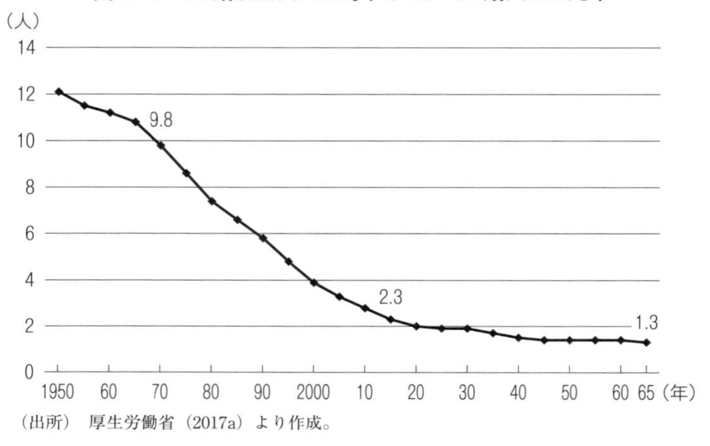

（出所）厚生労働省（2017a）より作成。

子高齢化の進展は，その社会保障制度を現状のまま維持することを困難にしているということになります。

4 社会面の変化

4.1 人びとの価値観の変化

(1) 物の豊かさから心の豊かさへ

福祉国家体制の下では，経済の成長ならびに福祉の充実によって，人びとはたしかに物質的な豊かさを享受することができるようになりました。日本では 1970 年代には国民の 9 割が中流階級という意識を持つようになったこともあり，1 億総中流といわれるようになります。まさに高度経済成長を経て，日本では，物質的には豊かな社会が実現されたということができます。ちなみに，バブル崩壊やリーマン・ショックなどによって格差問題が大きな社会問題として認知されるようになってきていますが，内閣府に

図 11-4　心の豊かさか，物の豊かさか，どちらを重視するかの割合の推移

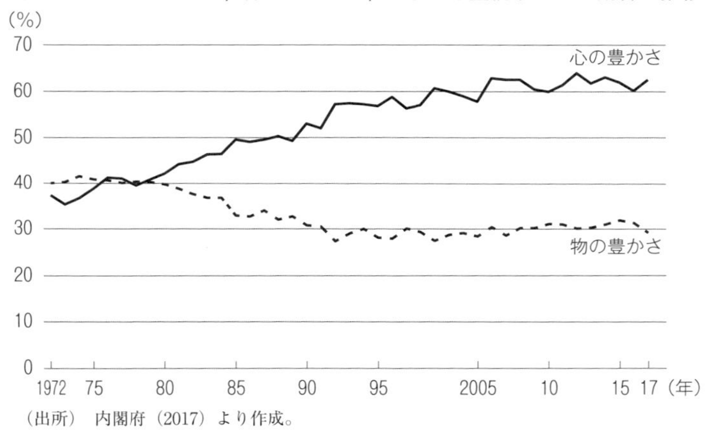

（出所）　内閣府（2017）より作成。

よる 2017 年の調査においても，中流意識を持っている国民の割合は，93.5% と 9 割を超えています（内閣府，2017）。こうした物質的な豊かさの実現もまた，福祉国家体制の大いなる成果ということができます。

ところが，福祉国家体制の下での物質的な豊かさの実現は，国民の価値観に大きな変化をもたらしてきています。図 11-4 は，これから重視するのは心の豊かさか，物の豊かさかを尋ねた先の内閣府の調査結果を示したものです。1970 年代にはまだ「物の豊かさ」を重視する人の割合が若干上回っていましたが，1980 年代に入ると両者の比率が逆転し，それ以降は，「心の豊かさ」を重視する人の割合が増え，現在では，6 割の人が「心の豊かさ」を重視し，3 割の人が「物の豊かさ」を重視するという結果になってきています。ちなみに，2017 年の「物の豊かさ」を重視する人の割合は 29.2% であるのに対し，「心の豊かさ」を重視する人の割合は 62.6% となっています。

(2) 福祉のパラドクスと非営利組織の重要性

このように多くの国民が，今日では物質的な豊かさよりも心の豊かさを求めるようになってきています。しかし，福祉国家体制の下では，こうした人びとの価値観の変化にうまく対応することができないという問題が生じてくることになります。すでに述べたように，福祉国家体制は，市場と政府からなる混合経済の仕組みです。市場では基本的に，自分が必要とするモノを売ってくれる人であれば，売り手は誰でもよく，自分のモノを買ってくれる人であれば，買い手は誰であっても構いません。また，政府の場合には，定められた基準を満たしているかどうかだけが判定基準となり，その基準を満たした人びとに対して，行政サービスが，まさに機械的・画一的に提供されるにすぎません。こうした状況の下では，財・サービスが市場を通じて提供されるにせよ，政府を通じて提供されるにせよ，人びとは，物質的な満足を得ることはできても，人間的な温もりや精神的な充足感まで得ることは難しくなります。

ドイツの経済学者，Ph. ヘルダー・ドルナイヒは，こうした精神的な充足感や温もりを，人間の健康に不可欠なビタミンになぞらえて，**社会的ビタミン**，すなわち，人びとの生活に潤いと活力を与え，社会の健康にとってなくてはならないものとして捉えました。福祉国家体制の下で心の豊かさが得られないことは，まさに「社会的ビタミン欠乏症」と呼ぶことのできる危機的な症状をもたらすことになります。つまり，若者の心の荒廃，精神疾患の広がり，自殺の増加，麻薬の蔓延，暴力の拡大といった深刻な社会問題が引き起こされることになります。

社会的ビタミンと呼ぶことのできるこうした人間同士の温かなふれあいや心の豊かさは，本来は家族や近隣，地域のつながりといった互いに助け合う共同体的な結びつきの中で得られてきました。近代以降の人間関係の希薄化の進展の中で，こうした共同体的な結びつきは失われてきましたが，近年，共同体の回復ともいえる動きが生じてきています。第３章で取り上げた多様な**非営利組織**の出現とその拡大です。非営利組織は，まさに連帯的な助け合いの組織という特徴を持っていますので，これらの組織が広がっていけば，人びとの間に共同体的な結びつきが回復される可能性があります。したがって，「物の豊かさ」から「心の豊かさ」へという人びとの価値観の変化に応えるためにも，今後の経済体制のあり方を考えるにあたっては，非営利組織をどのように体制構想に組み込んでいくのかを検討していかなければなりません。

4.2　多元社会化の進展と民主制の構造転換

福祉国家体制の維持を困難にしている社会面での環境変化としていま一つあげなければならないのが，**多元社会化**の進展とそれにともなう**民主制**の構造転換です。福祉国家においても，政治的意思決定の基本原則は，いうまでもなく民主制にあります。民主制の下ではすべての有権者が選挙を通じてみずからの意見を表明し，そこで示された民意にもとづいて政治が行われることになります。しかし，こうした民主制の構造が，福祉国家体制の下で大きく変化することになります。その構造転換をもたらしたのが，多元社会化の進展です。

多元社会というのは，共通利益を媒介にして形成されたさまざまな**利益団体**が経済社会の動向を規定するようになった社会を意味します。つまり，経済的にも政治的にも，人びとは単独の個人としては力が弱く，容易にはみずからの利益を実現することができません。そのため，人びとは共通の利害を通じて組織化を進め，利益団体の力を通じてみずからの利益の実現をはかるようになります。

このようにして，多元社会化が進展すると，個々人は，民主制の根幹である選挙によるよりもむしろ，利益団体を通じて次から次へと自分たちの要求を政治家につきつけるようになります。こうした要求を，政治家は抑えようとはしません。むしろ，政治家にとっては，その要求に沿うことが選挙での確実な票の確保につながるため，これに積極的に応えていこうとします。その結果，福祉国家体制の下では，国家の意思決定が有力な利益団体の行動に大きく左右されるようになる**団体民主制**へと，民主制の構造が大きく転換することになります。

この団体民主制の下では，人びとは，有力な利益団体に属するほど，みずからの獲得する政治的便益を高めていくことができます。そのため，利益団体を通じて政治家に対しどれくらい政治的貢献をできるかに応じて，政治的便益は分配されることになります。逆にいえば，市場において経済的貢献を果たすことのできない人びとが所得分配から排除されるように，政治的貢献を果たすことのできない人びとは，政治システムにおいてもはや配慮されません。そのため，利益団体に組織されることなく，投票によることでしか自分たちの利益を主張できない集団，あるいはそもそも投票権さえ持たない集団は，政治的にきわめて不利な状態に放置されることになります。その結果，高齢者，障害者，一人親家庭などの集団が19世紀の労働者問題に代わる新たな貧困層として出現することになります。これが，**新しい社会問題**として知られる問題です。

近年の格差問題の深刻化は，福祉国家体制の下でのこの貧困の問題にあらためて気づかせてくれたということができます。先に述べたように，少子高齢化の進展によって，社会保障制度を現状のまま維持することはできなくなってきています。そうした状況の中で，深刻な社会問題になってきている貧困の問題にどのよう

Column ⑰ ワークフェアとベーシック・インカム

1990年代以降，社会保障制度改革の一環として多くの国々で推進されてきたのが，いわゆる「ワークフェア」型の福祉政策および労働政策です。**ワークフェア**というのは，ワーク（就労）とウェルフェア（福祉）の合成語ですが，失業などによっていったん公的扶助や失業給付の受給者となった人たちを，福祉を提供することですませるのではなく，ふたたび就労へと復帰させることで，かれらに自立した生活を促そうというものです。この理念を実現するために，職業能力開発や就労支援のような積極的な労働政策を実施するとともに，就労や職業訓練への参加を公的扶助や失業給付などの福祉の受給要件とするといった政策がとられてきています。

このワークフェアの考えに対する対抗軸として，近年，注目されてきているのが，**ベーシック・インカム**の構想です。この構想は，以前から主張されてきたものですが，2016年にスイスにおいてベーシック・インカムの導入が国民投票にかけられたことで，ふたたび注目されてきています（投票の結果は否決でした）。

ワークフェアが就労の促進を目指すのに対し，ベーシック・インカム構想で重要なのは，生活に必要な最低水準の所得と労働との結びつきを断ち切ろうとする点にあります。そのため，この構想では，これまでの社会保障制度に替え，生活に必要な基本所得，すなわちベーシック・インカムを，何の条件もつけずに全国民に給付することが目指されます。ベーシック・インカムが保障されれば，人びとは，生活のために労働を強制されることもありませんし，給付の無条件性から生活保護制度に見られるスティグマを覚えることもありません。ベーシック・インカムの構想には，さまざまな批判が寄せられていますが，この構想は，社会保障制度のあり方を考えるうえで重要な構想として注目されています。

に対処していくのかは，経済体制のあり方を考えるうえでも検討しなければならない重大な課題ということができます。

● おわりに

今日，福祉国家体制をこれまで通りの形で維持することは，もはや不可能ということができます。それは，政府債務残高が巨額に膨れ上がり，財政面で福祉国家を維持できないという理由からだけではありません。福祉国家体制が維持不可能なのは，この体制を取り巻く環境が変化し，これまで通りの枠組みの下では，その環境の変化によって生じてくるさまざまな問題に対応することができなくなってきているからです。

まず，福祉国家体制の発展をもたらした経済成長至上主義型の経済の枠組みの下では，資源・環境問題がますます深刻化していくことにならざるをえません。また，少子高齢化の進展により，現役の世代の人たちにとって，福祉国家体制の根幹ともいえる社会保障制度を支えることは，もはや限界に達しつつあります。さらに，福祉国家体制の下では，市場であれ政府であれ，「物の豊かさ」から「心の豊かさ」への価値観の変化に対応することは容易ではありません。そして，福祉国家体制の下で出現する新たな貧困層の問題は，政府の責任ですべての国民に安定した生活を保障するという福祉国家の理念そのものを揺るがす事態をもたらしています。

福祉国家体制がこのようなさまざまな困難に直面している以上，いままさに求められているのは，これらの困難を克服しうる新たな経済社会の枠組みを見出すことです。その新たな枠組みとしてどのような枠組みを目指すにしても，それは，以下の課題に応えることのできるものでなければなりません。

その課題とは，財政的に維持可能な政府の役割とは何かを問い直すこと，経済成長至上主義型の経済の枠組みから持続可能型の経済の枠組みへの転換をはかること，少子高齢化に対応するとともに，新たな貧困層のような本当に支援を必要とする人びとに支援が届く持続可能な社会保障の枠組みを構築すること，市場と政府に加え，非営利組織を適切に組み込んだ経済社会の枠組みを構築することです。

みなさんがどのような経済体制を望ましいと思われるにせよ，少なくともこれらの課題に応えることのできる経済体制の構想が必要とされています。

終　章

経済倫理を学ぶことはなぜ大切なのか？

● はじめに

本書では，現代の経済社会が抱えるさまざまな問題を取り上げ，それらの問題を経済倫理という視点から考察してきました。序章でも述べたように，倫理や経済倫理というと敬遠される方が多いように思われます。しかし，倫理や経済倫理は，社会生活を送るにあたって求められるルールである以上，それを学ぶことは誰にとっても必要なことです。とりわけ，みなさんが生きている「いま」という時代は，どのような経済主体にもより倫理的な行動が求められると同時に，経済社会のあり方が根本的に問われている時代です。その意味で，経済倫理を学ぶことは，みなさんにとっていっそう重要になってきているということができます。この終章では，これまでの諸章で考察してきたことを簡単に整理しながら，あらためて経済倫理を学ぶことの大切さを考えていくことにしましょう。

1 経済主体に求められる倫理的行動

1.1 どのような倫理的行動が求められているのか？ ――第Ⅰ部のまとめ

本書の第Ⅰ部では，市場で行動するさまざまな経済主体に焦点を当て，経済倫理の視点からそれらの主体にどのような行動が求められているのかを考えてきました。市場では，経済活動の自由が誰にでも保障されています。しかし，そのことは，各主体がみずからの利益のためには何をしてもよいということを意味するものではありません。少なくとも法の遵守が最低限の倫理として求められるだけでなく，各章で見てきたように，今日の経済主体には，法の遵守にとどまらないより倫理的な行動が求められるようになってきています。この点に焦点を当てながら，第Ⅰ部の議論を整理することにしましょう。

第1章で見たように，ときに企業は，法を犯してまで，みずからの経済的利益を得ようとします。続発する企業不祥事は，このことを明確に示しています。そのため，企業にはコンプライアンスが厳しく求められます。しかし，企業は，法を守ればそれでよいというわけではありません。第2章で見たように，今日の企業には，人権の尊重，環境問題への取り組み，フィランソロピーやメセナなどの道徳的責任を含め，さまざまな社会的責任を果たすことが求められるようになってきています。これからの企業にとって必要なことは，ただ経済的利益をあげればよいというのではなく，多様なステークホルダーとの関係を重視し，社会的責任に積極的に取り組みながら，みずからの企業価値を高めていくことにあるといえます。第3章で取り上げた非営利組織は，企業の社会的責任の一つとされる社会貢献活動そのものを組織本来の目的とする組織です。近年の非営利組織の広がりは，社会貢献活動を通じて社会問題の解決に取り組もうとする人びとの倫理的意識の高まりを示すものということができます。

また，第4章で見たように，今日の企業には労働者の人権に配慮することが強く求められるようになってきています。労働者を生産手段の一つにすぎないと見なし，かれらをモノとしか扱わないような企業はもはや社会から受け入れられない，そうした時代になってきています。これからの企業には，労働者の尊厳を尊重し，その尊厳に値するような労働環境を整える社会的義務があるということを明確に意識する必要があります。一方，労働者の側も，労働社会で支配的となってきた労働中心主義的な考え方から脱却する必要があります。そうでなければ，長時間労働を引き起こす企業文化を変えていくことも，労働社会で生じてくるさまざまな問題を解決することもできません。第5章で見たように，これからの経済社会では，人びとは，労働の価値をあらためて問い直し，労働だけを一方的に重視するのではなく，労働と生活の調和をはかっていく必要があります。

さらに，今日，倫理的な行動を求められるのは，生産者だけではありません。第6章で見たように，今日では，消費者もまた，倫理的な行動を求められるようになってきています。なぜなら，消費社会で生じてきているさまざまな問題の原因は，消費者にもあるからです。これからの消費者は，消費の権利を与えられているだけでなく，消費にあたっては社会的責任をも負っていることを自覚し，みずからの消費行動を見直していく必要があります。

1.2 自分の生き方を問う——他者への配慮と思いやり

以上のように，これからの経済社会においては，個人であれ，組織であれ，どのような経済主体にも，より倫理的な行動が求められるようになってきているということができます。しかし，その一方で，経済倫理を問われる事件や問題の続発は，組織や制度の見直しだけで非倫理的な行動を防止することにはやはり限界があることを示しています。経済倫理に関わる問題が発生したとき，組織や制度を見直すことはもちろん必要不可欠なことです。しかし，それだけでなく，個々の経済主体がみずからの行動をあらためて問い直し，自分のとった行動が倫理的に問題のないものなのかどうかを真剣に考え，みずからの意識改革をはかることが必要です。

この意識改革にあたって重要になってくるのが，他者に及ぼす影響を考慮し，他者に配慮した行動をとっているのかという視点です。こうした他者への配慮や思いやりが欠けてきたとき，経済倫理に関わる問題が生じてくるということができます。もちろん，各章で述べたように，経済倫理に関わる問題の原因には多様なものがあります。しかし，どの問題にも共通していえることは，みずからの経済的利益の追求のみに囚われ，他者への配慮や思いやりが欠如しているということです。多様なステークホルダーへの配慮，労働者の尊厳への配慮，みずからの消費行動によって影響を受ける他者への配慮，こうした他者への配慮がなされないことによって，本書で取り上げた問題もまた，引き起こされてきたということができます。

そして，この配慮すべき他者の中に含まれるのは，身の回りの人たちだけではありません。そこには，見知らぬ他者，すなわち，遠く離れた海外の人たちや，まだ生まれていない次世代の人たちも含まれます。こうした見知らぬ人たちを含めた他者への配慮や思いやりを持った行動をとることが，まさにいま求められているということができます。

このような視点に立って，みなさんが自分自身の行動を問い直したとき，それは，みなさんが自分の「生き方」を見つめ直したことになります。このことは，企業のような組織に関しても同じです。企業がみずからの経済活動を問い直したとき，それは，企業としてのみずからの「あり方」を見つめ直したことになります。したがって，経済倫理について学ぶことは，経済主体としての個人の「生き方」や組織の「あり方」をたえず問い直すことにほかならないのです。

2 新たな経済社会の枠組みを求めて

2.1 新たな経済社会の枠組みを構想するために
──第Ⅱ部のまとめ

本書の第Ⅱ部では，視点を個別経済主体から経済社会の枠組みへと移し，現代の経済社会の枠組みそれ自体が抱えているさまざまな問題について，経済倫理の視点から考察しました。この第Ⅱ部を通してとくに伝えたかったことは，これまでの経済社会の枠組みの下では解決困難なさまざまな問題がますます深刻な問題となってきており，それらの問題を克服しうる新たな枠組みがいままさに求められているということです。それでは，新たな経済社会の枠組みを構想するには，どのようなことに注意すべきでしょうか。このことに焦点を当てながら，本書の第Ⅱ部を簡単に整理することにしましょう。

近代の誕生から今日にいたるまで，経済の枠組みは，市場を基本原則として編成されています。第7章で見たように，市場が基本原則とされるのは，市場には優れた機能が備わっているからです。しかし市場はけっして完全なものではなく，経済倫理的にさまざまな問題も抱えています。したがって，新たな経済社会の枠組みを構想するにあたっては，市場だけにすべてを任せることも，逆に市場を全否定することも，やはり行きすぎといわざるをえません。必要なことは，市場の機能と限界をきちんと押さえたうえで，市場の果たすべき役割について考えていくことにあります。

市場の問題として，近年，大きな社会問題となってきているのが，格差や貧困に関わる問題です。この問題を解決するためには，なんらかの政策的対応が必要になってきますが，その必要とされる政策は，第8章で見たように，分配の公正に関わる倫理原則（貢献原則か必要原則か，機会の平等か結果の平等か能力の平等か）に応じて異なってくることになります。そのため，分配の問題に対して，政府がどのような役割を果たすべきかを考えるためには，こうした倫理原則にまで踏み込んで検討していかなければなりません。

市場の問題は，分配の問題にとどまるものではありません。市場が抱えているさまざまな問題を解決するために，第2次世界大戦後，日本を含む先進各国は，市場を原則としながらも，政府が市場を補完する福祉国家体制を構築してきました。第9章では，福祉国家体制誕生の経緯を歴史的に振り返りましたが，そこで示されたように，資本主義体制にせよ，福祉国家体制にせよ，あるいはまた共産主義体制にせよ，なんらかの経済体制の成立の背後にはその体制を支える思想的基盤が存在しました。したがって，福祉国家体制に代わる新たな経済体制を構想する際にも，どのような思想的基盤に依拠するのかを真剣に考える必要があります。

また，第10章で見たように，福祉国家体制の発展の中で，政府は多様な経済政策を実施するようになります。しかし，それらの経済政策は，今日，さまざまな課題を抱えています。とりわけ，経済政策の多様化・複雑化は，政策間の整合性という重大な課題をもたらしています。この課題に応えるためには，総合的な政策構想を展開し，その構想にもとづいて経済政策を見直していく必要があります。そのためにも，総合的な政策構想の基礎となる経済社会の理想像についてのしっかりとした議論が必要になります。

そして，どのような思想的基盤にもとづいて，新たな経済社会の枠組みを目指すにせよ，その枠組みは，第11章で見たように，福祉国家体制を取り巻くさまざまな環境の変化に対応できるものでなければなりません。とりわけ，環境問題への対応，少子高齢化への対応，持続可能な社会保障の構築，非営利組織の役割を組み込んだ政策体系の構築といった重要な課題に対して，明確なビジョンにもとづいた構想が示される必要があります。

2.2 よりよい経済社会の枠組みを求めて——経済思想の重要性

以上の整理からわかるように，新たな経済社会の枠組みを構想するにあたっては，どのような経済思想に依拠するのかが重要になってきます。みなさんの中にも，自由主義的な思想が望ましいと考える人もいれば，社会主義的な思想が望ましいと考える人もいると思います。一般に，自由という価値を重視するのが自由主義，平等という価値を重視するのが社会主義と見なされますが，じつはそれほど単純に割り切れるものではありません。なぜなら，自由や平等を重視するといっても，その自由や平等をどのような意味の自由や平等として捉えているかに応じて，経済思想の基本的立場は，まったく異なったものとなってくるからです。

平等については，先に述べたように，それが機会の平等なのか，結果の平等なのか，能力の平等なのかに応じて，政府の果たすべき役割についての考え方が異なってきます。自由については，本書で詳しく説明することはできませんでしたが，**消極的自由**と**積極的自由**という2つの意味が存在しています。消極的自由というのは，他者による強制や干渉を受けることなく行為することのできる自由を意味し，積極的自由というのは，各人が自律的に自己決定できる能力を持っている状態を意味します。自由を消極的自由と見なすならば，各人を他者による強制や干渉から保護することが政府の役割となり，自由を積極的自由と見なすならば，所得，教育，医療などの保障を通じて自律的に自己決定できる能力をすべての人に保障することが政府の役割ということになってきます。このように，新たな経済社会の枠組みを構想するにあたっては，自由や平等の意味にまで踏み込んで，経済倫理について考え，そして，経済思想に関するみずからの基本的立場を確立する必要があります。

「いま」という時代は，経済社会全体の「あり方」が大きく変わろうとしている時代です。そうした大転換の時代にあって，経済倫理を学ぶことは，まさに時代の要請ということができます。この要請に応え，よりよい経済社会の枠組みを見出していくことは，「いま」という時代に生きるわれわれに課せられた重要な課題なのです。

● おわりに

この終章でまとめてきたように，経済倫理を学ぶことは，経済生活の中で個人や組織の「生き方」や「あり方」を，さらには経済社会全体の「あり方」を深く考えていくことにほかなりません。そして，そのことは，「いま」という時代にまさに求められていることです。経済倫理を学ぶことは，みなさん自身の人生を，またみなさんの生きているこの経済社会をよりよいものにするために必要不可欠なものです。本書を通して，みなさんが経済倫理に関心を持ち，経済倫理についてさらに深く学んでみたいと思っていただけたなら，これ以上の喜びはありません。

読書案内

本書を読まれ，経済倫理についてさらに学んでみたいと思われた方のために，読書案内として，推薦書をいくつか紹介することにしましょう。

(1) 経済倫理を学ぶためには，倫理学の知識が必要になってきます。倫理学を初めて学ぶ人には，次の本がお薦めです。倫理学の学説から倫理に関わるさまざまなテーマまで，わかりやすく説明がなされています。

- 柘植尚則（2010）『プレップ倫理学』弘文堂。

(2) 経済倫理を学ぶには，経済学の知識も必要になってきます。経済学の教科書や入門書はたくさんありますが，次の本が初心者にも読みやすい入門書です。

- マンキュー，N. グレゴリー（2014）『マンキュー入門経済学（第 2 版）』（足立英之・石川城太・小川英治・地主敏樹・中馬宏之・柳川隆訳）東洋経済新報社。

また，次の本は，経済学のさまざまな学説をわかりやすくまとめた入門書です。通常の経済学の教科書とは異なったスタイルで書かれていますが，経済倫理や経済思想に関心のある方にはむしろお薦めの一冊です。

- 森田雅憲（2014）『入門 経済学（オイコノミカ）（増訂版）』ミネルヴァ書房。

(3) 本書の第Ⅰ部にとくに関心を持たれたという方には，以下の本がお薦めです。それぞれの関心に合わせてお読みください。

企業倫理に関心のある方への推薦書：

- 梅津光弘（2002）『ビジネスの倫理学』丸善。

非営利組織に関心のある方への推薦書：

- 澤村明・田中敬文・黒田かをり・西出優子（2017）『はじめてのNPO論』有斐閣。

労働に関心のある方への推薦書：

- 橘木俊詔編著（2009）『働くことの意味』ミネルヴァ書房。

消費に関心のある方への推薦書：

- 間々田孝夫（2000）『消費社会論』有斐閣。

(4) 本書の第Ⅱ部にとくに関心を持たれたという方には，以下の2冊の本がお薦めです。いずれも，思想的背景にまで踏み込みながら，現代の経済社会の歴史と展望を明らかにしようとした本です。本書では，筆者たち自身がどのような新たな経済社会の枠組みを目指しているのかを取り上げることはできませんでしたが，2冊目の本の第8章においてその一端が示されていますので，関心のある方は，お読みいただければと思います。

- 野尻武敏（1997）『第三の道――経済社会体制の方位』晃洋書房。
- 足立正樹編著（2013）『現代の経済社会と福祉社会の展望』高菅出版。

また，格差問題や貧困の問題などの分配の問題に関心を持たれた人には，次の2冊の本がお薦めです。前者は格差社会について，後者は子どもの貧困についてわかりやすく解説しています。

- 橘木俊詔（2006）『格差社会――何が問題なのか』岩波新書。
- 阿部彩（2008）『子どもの貧困――日本の不公平を考える』岩波新書。

(5) 本書では，さまざまな哲学者や経済学者の経済倫理や経済思想について紹介してきました。かれらの経済倫理や経済思想を理解するためには，それぞれの論者自身の著作を読み，理解を深めていく必要があります。そうはいっても，それらの著作には難解なものが多く，読み進めるのは大変です。そこで，新書版で読むことのできるわかりやすい解説書をいくつか紹介しますので，関心を持った論者の考えにさらに触れてみたいという方はお読みいただき，そのうえで各論者の著作に進んでいっていただければと思います。

- 石川文康（1995）『カント入門』ちくま新書。
- 児玉聡（2012）『功利主義入門――はじめての倫理学』ちくま新書。
- 堂目卓生（2008）『アダム・スミス――「道徳感情論」と「国富論」の世界』中公新書。
- 佐々木隆治（2016）『カール・マルクス――「資本主義」と闘った社会思想家』ちくま新書。
- 吉川洋（1995）『ケインズ――時代と経済学』ちくま新書。
- 重田園江（2013）『社会契約論――ホッブズ，ヒューム，ルソー，ロールズ』ちくま新書。
- 森村進（2001）『自由はどこまで可能か――リバタリアニズム入門』講談社現代新書。

参考文献

本書の執筆にあたっては，多くの章を通じて次の文献を参考にしました。

柘植尚則（2014）『プレップ経済倫理学』弘文堂。
柘植尚則・田中朋弘・浅見克彦・柳沢哲哉・深貝保則・福間聡（2007）『経済倫理のフロンティア』ナカニシヤ出版。
足立正樹編著（2013）『現代の経済社会と福祉社会の展望』高菅出版。

これら3つの文献以外の各章の参考文献は以下の通りです。

第1章

伊勢田哲治（2016）「フォード・ピント事件をどう教えるべきか」『技術倫理研究』第13号。
梅津光弘（2002）『ビジネスの倫理学』丸善。
スミス，A.（2007）『国富論　上・下』（山岡洋一訳）日本経済新聞出版社。
スミス，A.（2014）『道徳感情論』（村井章子・北川知子訳）日経BP社。
保井俊之（2009）「保険金不適切不払い・支払漏れとその行政対応」『リスクと保険』第5号。
安井至（2008）「古紙配合率偽装問題」（衆議院調査局環境調査室「古紙パルプ配合率偽装問題について――その経緯と求められる今後の取組」）。

第2章

経済同友会（2014）「日本企業のCSR　自己評価レポート2014」。https://www.doyukai.or.jp/policyproposals/articles/2014/pdf/140514a.pdf　（2018年2月20日閲覧）
東京証券取引所（2015）「コーポレートガバナンス・コード――会社の持続的な成長と中長期的な企業価値の向上のために」。http://www.jpx.co.jp/equities/listing/cg/tvdivq0000008jdy-att/code.pdf（2018年2月20日閲覧）
中谷常二編著（2007）『ビジネス倫理学』晃洋書房。

日本経済団体連合会（2017）「企業行動憲章」。http://www.keidanren.or.jp/policy/cgcb/charter2017.html（2018年2月20日閲覧）
フリードマン，M.（2007）「ビジネスの社会的責任とはその利潤を増やすことである」（中谷（2007）所収）。
フリードマン，M.（2008）『資本主義と自由』（村井章子訳）日経BP社。
フリーマン，R.E.（2007）「現代企業のステイクホルダー理論」（中谷（2007）所収）。
ポーター，M.E.，M.R.クラマー（2011）「共通価値の戦略」『DIAMOND ハーバード・ビジネス・レビュー』第36巻第6号。

第3章

雨森孝悦（2012）『テキストブックNPO――非営利組織の制度・活動・マネジメント（第2版）』東洋経済新報社。
澤村明・田中敬文・黒田かをり・西出優子（2017）『はじめてのNPO論』有斐閣。
鈴木純（2014）『経済システムの多元性と組織』勁草書房。
田尾雅夫・吉田忠彦（2009）『非営利組織論』有斐閣。
内閣府（2017a）「特定非営利活動法人の認定数の推移」内閣府NPOホームページ。https://www.npo-homepage.go.jp/about/toukei-info/ninshou-seni（2018年2月20日閲覧）
内閣府（2017b）「特定非営利活動法人の活動分野について」内閣府NPOホームページ。https://www.npo-homepage.go.jp/about/toukei-info/ninshou-bunyabetsu（2018年2月20日閲覧）
日本NPOセンター編（2017）『知っておきたいNPOのこと5（事業評価編）』日本NPOセンター。
宮垣元（2003）『ヒューマンサービスと信頼――福祉NPOの理論と実証』慶應義塾大学出版会。

第4章

カント，I.（2000）『カント全集7　実践理性批判・人倫の形而上学の基礎づけ』（坂部恵・平田俊博・伊古田理訳）岩波書店。
厚生労働省（2009a）「新規学校卒業者の採用内定取消し状況等について」。http://www.mhlw.go.jp/houdou/2009/04/h0430-2.html

（2018 年 2 月 20 日閲覧）
厚生労働省（2009b）「非正規労働者の雇止め等の状況について（10 月報告：速報）」。http://www.mhlw.go.jp/houdou/2009/10/dl/h1030-1a.pdf （2018 年 2 月 20 日閲覧）
厚生労働省（2016）「平成 28 年度『職場のパワーハラスメントに関する実態調査』の報告書」。http://www.mhlw.go.jp/stf/houdou/0000163573.html （2018 年 2 月 20 日閲覧）
厚生労働省（2017a）「平成 29 年版過労死等防止対策白書」。http://www.mhlw.go.jp/wp/hakusyo/karoushi/17/dl/17-1.pdf （2018 年 2 月 20 日閲覧）
厚生労働省（2017b）「長時間労働が疑われる事業場に対する監督指導結果」。http://www.mhlw.go.jp/stf/houdou/0000172536.html （2018 年 2 月 20 日閲覧）
『週刊東洋経済』（2009）「特集／雇用壊滅！」2009 年 2 月 7 日号。
総務省（2013）「平成 24 年就業構造基本調査」。http://www.stat.go.jp/data/shugyou/2012/pdf/kgaiyou.pdf （2018 年 2 月 20 日閲覧）
内閣府（2017）『平成 29 年度　年次経済財政報告』http://www5.cao.go.jp/j-j/wp/wp-je17/index_pdf.html （2018 年 3 月 24 日閲覧）
『日本経済新聞』（2016）2016 年 12 月 7 日朝刊。
勇上和史（2017）「労働政策」（柳川隆・永合位行・藤岡秀英編『セオリー＆プラクティス 経済政策』有斐閣）。
労働政策研究・研修機構（2016）「妊娠等を理由とする不利益取扱い及びセクシュアルハラスメントに関する実態調査」結果（概要）。http://www.jil.go.jp/press/documents/20160301.pdf （2018 年 2 月 20 日閲覧）

第５章

足立正樹（2006）『高齢社会と福祉社会』高菅出版。
厚生労働省（2017）「平成 28 年度雇用均等基本調査」の結果概要。http://www.mhlw.go.jp/toukei/list/dl/71-28r-07.pdf （2018 年 2 月 20 日閲覧）
小林甲一（2009）『ドイツ社会政策の構造転換――労働生活とその人間化をめぐって』高菅出版。

小林甲一（2013）「福祉社会と労働生活」（足立正樹編著『現代の経済社会と福祉社会の展望』高菅出版）。
内閣府ホームページ「仕事と生活の調和（ワーク・ライフ・バランス）憲章」。http://wwwa.cao.go.jp/wlb/government/20barrier_html/20html/charter.html　(2018年2月20日閲覧)
野尻武敏（2006）『転換期の政治経済倫理序説——経済社会と自然法』ミネルヴァ書房。
野村総合研究所（2015）「日本の労働人口の49％が人工知能やロボット等で代替可能に」。https://www.nri.com/jp/news/2015/151202_1.aspx　(2018年2月20日閲覧)

第6章

猪木武徳（2012）「倫理的消費とは何か」『CEL』Vol. 98。
ガルブレイス，J. K.（2006）『ゆたかな社会 決定版』（鈴木哲太郎訳）岩波現代文庫。
環境省（2016）「環境にやさしいライフスタイル実態調査　国民調査の結果　平成28年度調査」。http://www.env.go.jp/policy/kihon_keikaku/lifestyle/h2904_01.html　(2018年2月20日閲覧)
厚生労働省 e-ヘルスネット「受動喫煙——他人の喫煙の影響」。https://www.e-healthnet.mhlw.go.jp/information/tobacco/t-02-005.html　(2018年2月20日閲覧)
田中洋（2012）「マーケティングから見た倫理的消費の可能性」『CEL』Vol. 98。
柘植尚則（2012）「倫理学から考える『倫理的消費』」『CEL』Vol. 98。
柘植尚則（2014）『ブレップ経済倫理学』弘文堂。
間々田孝夫（2000）『消費社会論』有斐閣。

第7章

公正取引委員会（2017）「平成28年度　公正取引委員会年次報告」。http://www.jftc.go.jp/soshiki/nenpou/h28.html　(2018年2月20日閲覧)
シュムペーター，J. A.（1977）『経済発展の理論（上・下）』（塩野谷祐一・中山伊知郎・東畑精一訳）岩波文庫。

シュムペーター，J. A.（1995）『資本主義・社会主義・民主主義（新装版）』（中山伊知郎・東畑精一訳）東洋経済新報社。
野尻武敏（1973）『経済政策原理』晃洋書房。
パットナム，R. D.（2001）『哲学する民主主義――伝統と改革の市民的構造（叢書「世界認識の最前線」）』（河田潤一訳）NTT 出版。
山口三十四・足立正樹・丸谷冷史・三谷直紀編（2006）『経済政策基礎論』有斐閣。

第８章

厚生労働省（2011）「平成 23 年所得再分配調査」。http://www.mhlw.go.jp/toukei/list/96-1c.html （2018 年 2 月 20 日閲覧）
厚生労働省（2014）「平成 26 年所得再分配調査」。http://www.mhlw.go.jp/toukei/list/96-1c.html （2018 年 2 月 20 日閲覧）
厚生労働省（2016a）「平成 28 年国民生活基礎調査の概況」。http://www.mhlw.go.jp/toukei/saikin/hw/k-tyosa/k-tyosa16/index.html （2018 年 2 月 20 日閲覧）
厚生労働省（2016b）「厚生統計要覧（平成 28 年度）」。http://www.mhlw.go.jp/toukei/youran/index-kousei.html （2018 年 4 月 21 日閲覧）
厚生労働省「賃金構造基本統計調査の概況」各年。http://www.mhlw.go.jp/toukei/list/chinginkouzou_a.html （2018 年 2 月 20 日閲覧）
セン，A.（2000）『自由と経済開発』（石塚雅彦訳）日本経済新聞出版社。
戸室健作（2016）「資料紹介　都道府県別の貧困率，ワーキングプア率，子どもの貧困率，捕捉率の検討」『山形大学人文学部 研究年報』第 13 号。
ロールズ，J.（2010）『正義論（改訂版）』（川本隆史・福間聡・神島裕子訳）紀伊國屋書店。
UNDP（2017）「人間開発報告書 2016『すべての人のための人間開発』」。http://www.jp.undp.org/content/tokyo/ja/home/library/human_development/human_development1/hdr_2016.html （2018 年 2 月 20 日閲覧）
UNDP 駐日代表事務所ホームページ「人間開発とは」。http://www.jp.undp.org/content/tokyo/ja/home/library/human_development/

human_development4.html （2018 年 4 月 21 日閲覧）

第 9 章

ケインズ，J. M.（1981）『ケインズ全集第 9 巻　説得論集』（宮崎義一訳）東洋経済新報社。
ベヴァリジ，W. H.（1969）『ベヴァリジ報告――社会保険および関連サービス』（山田雄三監訳）至誠堂。
マルクス，K.，F. エンゲルス（1971）『共産党宣言』（大内兵衛・向坂逸郎訳）岩波文庫。
毛利健三（1990）『イギリス福祉国家の研究――社会保障発達の諸画期』東京大学出版会。
ロック，J.（1968）『市民政府論』（鵜飼信成訳）岩波文庫。

第 10 章

足立正樹（2006）『高齢社会と福祉社会』高菅出版。
エスピン-アンデルセン，G.（2001）『福祉資本主義の三つの世界――比較福祉国家の理論と動態』（岡沢憲芙・宮本太郎監訳）ミネルヴァ書房。
マンキュー，N. G.（2014）『マンキュー経済学Ⅱ　マクロ編（第 3 版）』（足立英之・石川城太・小川英治・地主敏樹・中馬宏之・柳川隆訳）東洋経済新報社。
柳川隆・永合位行・藤岡秀英編（2017）『セオリー＆プラクティス 経済政策』有斐閣。
山口三十四・足立正樹・丸谷冷史・三谷直紀編（2006）『経済政策基礎論』有斐閣。

第 11 章

厚生労働省（2017a）「平成 29 年版高齢社会白書」。http://www8.cao.go.jp/kourei/whitepaper/w-2017/html/zenbun/index.html （2018 年 2 月 20 日閲覧）
厚生労働省（2017b）「平成 28 年（2016）人口動態統計（確定数）の概況」。http://www.mhlw.go.jp/toukei/saikin/hw/jinkou/kakutei16/index.html （2018 年 4 月 21 日閲覧）

国立社会保障・人口問題研究所（2017）「日本の将来推計人口（平成29年推計）」。http://www.ipss.go.jp/pp-zenkoku/j/zenkoku2017/pp_zenkoku2017.asp（2018年2月20日閲覧）
財務省ホームページ「債務残高の国際比較（対GDP比）」。http://www.mof.go.jp/tax_policy/summary/condition/007.pdf（2018年2月20日閲覧）
内閣府（2017）「国民生活に関する世論調査」（平成29年6月調査）。http://survey.gov-online.go.jp/h29/h29-life/index.html（2018年2月20日閲覧）
永合位行（2001）『ヘルダー・ドルナイヒの経済システム理論』勁草書房。
メドウズ，D. H.，D. L. メドウズ，J. ランダース，W. W. ベアランズ三世（1972）『成長の限界――ローマ・クラブ「人類の危機」レポート』（大来佐武郎監訳）ダイヤモンド社。
OECD編（1983）『福祉国家の危機――経済・社会・労働の活路を求めて』ぎょうせい。

事項索引

（太字の数字書体は，本文中でゴシック体で表示されている語句の掲載ページを示す）

● さ　行

人名索引

● 著者紹介

永合 位行（なごう たかゆき）

神戸大学大学院経済学研究科教授

鈴木 純（すずき じゅん）

神戸大学大学院経済学研究科教授

現代社会と経済倫理

Modern Society and Economic Ethics

2018年7月15日　初版第1刷発行
2023年10月15日　初版第2刷発行

著　者　永合位行
　　　　鈴木　純
発行者　江草貞治
発行所　株式会社 有斐閣
郵便番号101-0051
東京都千代田区神田神保町2-17
https://www.yuhikaku.co.jp/

印刷・大日本法令印刷株式会社／製本・牧製本印刷株式会社

★定価はカバーに表示してあります。

ISBN 978-4-641-16527-4